U0012442

alive
城市品味書

説出品味故事，成就你的與眾不同。

放肆
紐約

100 個你一定要知道的
關鍵品味

城市的記憶

對一個城市的記憶，也許是某棟雄偉建築背後的一段淒美情事；也許是街邊行人的出色裝扮；也許是一種魂牽夢繫的味道……。無論如何，總有一個美好的原因，讓我們對那個城市的記憶，在最細微的地方停格。

十年前，《商業周刊》為了滿足讀者在生活面向的需求，開始了《alive》單元。現在的《alive》單行本以及您手上這套《alive 城市品味書》系列，都是基於同一個初心下的結晶，重視的是文化內涵的傳遞，期待體現「富而好禮」的社會氛圍。這套書裡，編輯以單行本中 10 個不容錯過的品味城市為基底，耗時近兩年，細心蒐羅每個城市的 100 個關鍵品味，從城市印象、藝術、建築、美食、時尚、設計到逛遊等生活角度，全面梳理與揀選。究其內容，與其說是旅遊書，倒不如視為最生活的「文化入門書」更為貼切。

在凡事講求效率與速度的今天，太多人對生活疲憊無感。本書希望能藉由系統化、主題式的規畫，讓您輕鬆掌握關鍵精髓之外，還能以一種不沉重的心情、有餘裕的節奏，欣賞深層的文化底蘊。我們志不在製造另一本旅遊聖經，但求能以一種全新視角和您一同領略不凡。

我會為了一張骨董地圖安排一趟旅行，有些人則會為了一家餐廳而造訪某一個城市，你呢？

《商周集團》生活事業群總經理暨《alive》發行人

董羿彣

目錄 contents

紐約每個角落
都有戲

在紐約，即使是再小的角落都有戲。地鐵站月台層，華裔小孩正彈著電子琴，吸引大家圍觀駐足；出了地鐵，黑人拿著水桶敲敲打打，也是種庶民街頭藝術。為了融入這樣的氛圍，我們特地訂製了一隻長 200 公分、高 150 公分的巨型氣球狗，帶著它一同到紐約出外景。有了它，超吸睛，任誰都無法忽視這隻大狗的存在。

帶著氣球狗置身紐約街頭，真的有紐約客的感覺。而且，紐約人似乎對它視為理所當然，這個城市有太多戲，誰會大驚小怪？在蘇活區（SoHo）拍照時，大家搶著與它合影，甚至還有人騎到它身上。但，要讓這隻氣球狗活靈活現的充飽氣，可得花上 30 分鐘，因為太大了，充飽了放不進休旅車，每一次到新的地點要再花半小時充氣。反覆充氣洩氣的過程，累壞所有工作人員。這也顯示，要在紐約成為一個大家關注的「咖」，背後得付出一定的代價。

在紐約，隨便吸一口空氣都感受得到自由。這裡有來自全球各地的人種，呈現出世界一家、很開放的氣氛。我們到布魯克林區（Brooklyn）威廉斯堡（Williamsburg）時，走在街頭隨處都是創意很酷的店家，雖然沒有事先約訪，但打聲招呼，竟也能讓我們拍照。

當然，這也是在紐約拍照的挑戰所在，如何讓大家熟悉的紐約有不同表現？勘完景後，陷入苦思。然而，就在隔日清晨，早起的我們看見色澤柔美、氣氛靜謐的紐約，當下打算，何不早起拍攝幾乎無人的紐約？大家就這樣、清晨 4 點半不到，搶在天色未亮前，在空蕩蕩的時代廣場（Times Square）拍照。雖然只有零星路人，但霓虹依舊閃爍，紐約骨子裡就是個永遠不眠的城市。天亮之後，就請跟著我們的腳步，迎接活力十足的紐約。

文／徐銘志

名人談紐約

大蘋果的滋味，風情萬種，且聽以下幾位名人談紐約，帶領
我們進入紐約不做作的當代品味中。

許芳宜

| 舞蹈家 |

許芳宜 & 藝術家創辦人

紐約是藝術表演的指標和龍頭，
充滿大膽和前衛感，永遠不怕自
己跟世界不一樣。

陳木元

| 饕家 |

國巨前董事長

紐約是餐廳的聯合國，想要在最
短時間、用最經濟價錢吃遍全世
界，去紐約！

曹慰祖 Calvin Tsao

| 建築設計師 |

Tsao & Mc Kown
建築師事務所負責人

「沒有什麼不可以！」這是紐約
客的居家設計主張，不斷推陳出
新，鼓勵創新，勇於挑戰別人的
想法。

Author: Photograph by United Press International © Wikimedia Commons

卡繆
Albert Camus

法國文學家

諾貝爾文學獎得主，
著有《異鄉人》

有時候，從摩天大樓之外，一
艘拖船的叫聲讓你失眠，你才
想起，這座水泥叢林，其實是
一個海島。

Author: NBC Television © Wikimedia Commons

約翰・藍儂
John Lennon

音樂人

《披頭四》創團團員

我不是出生在格林威治村的美
國人，為此我深感遺憾。這城
市可能會凋零，你呼吸的每一
口空氣都沾滿塵埃，但卻有很
多事情會在這裡發生。

Author: The World's Work © Wikimedia Commons

費茲傑羅
F. Scott Fitzgerald

美國小說家

著有《大亨小傳》

從皇后區大橋那端遠眺這座城
市，永遠像是初次看見一樣，
一個謎樣又美麗的世界。

城市印象 Image

帶著放肆、帶著奇幻、帶著夢想,紐約夢,可以不顧一切。

一大城市特色

紐約，全世界販賣最多夢想、異想、玩樂與故事的城市。在
這裡找品味，請先忘掉經典這回事。紐約的品味，不是經
典，是表演。

楊文財攝

01 不放肆就不夠味
紐約充滿戲劇張力

25 平方哩的紐約曼哈頓，就城市面積並不是世界最大，但你若把它當成一個舞台，它就是全世界最大的舞台。不只是因為每年平均有 125 部電影在此開拍，也不是因為這裡有全球最高密度的戲院街，而是整個紐約每天都是戲，在紐約要出頭，沒「戲」就沒轍，不放肆就不夠味。紐約也以它的戲劇張力在各領域影響全球潮流與品味。

1984 年，高唱〈宛若處女〉（*Like a Virgin*）的瑪丹娜（Madonna），從這個城市出發，大膽將內衣外穿；26 年後，紐約又出了一位一身牛肉勁裝，魅力橫掃全球的女神卡卡（Lady Gaga）。卡卡形容她自己，「我來自紐約，為了所需，我會不顧一切。」但真正勁爆的，其實早就在紐約出現過，19 世紀的紐約碼頭工人內衣，經過戲劇推波，竟然變成全世界流行最久的時尚單品。

「紐約給你的，不單單是持續的激勵，更有奇異場景不斷上演。」美國作家懷特（E.B. White）在《這就是紐約》（*Here is New York*）如此描述。

每年 1 月不特定的某一天，紐約地鐵裡，一堆上班、上學的男男女女上身穿正經八百的西裝外套，打著領帶，下身卻只穿花內褲、三角褲，神色自若地在車廂聊天、看報紙、聽音樂。看到了，請勿大驚小怪，因為，這個地鐵脫褲活動（No Pants Subway Ride），早從 2002 年就在紐約首度上演。這個一開始由幾位紐約客單純想挑戰世俗眼光的行動，現在已演變成全世界 50 個城市一同參與的大型國際活動。

這就是紐約。紐約的品味，就是這種大膽、不顧旁人眼光的特性。

文／徐銘志

三大放肆精神

紐約大蘋果，誰都想咬一口。摩天大樓瀰漫著與天比高的自信，也充滿了誇張的藝術創作。誰說，品味一定要高高在上？紐約告訴你相反的故事。

02 美國例外
與眾不同的開創精神

有人形容，只有在紐約，你才會看到變裝皇后與世界級富豪一同喝香檳；也只有紐約，才會出現「若有業務需要，公然上空是合法」這種奇異的法律條文。

法國歷史學家亞里西斯・托克維爾（Alexis de Tocqueville）在 1835 年出版的《民主在美國》（*Democracy in America*），創造出「美國例外」（American Exceptionalism）一詞，詮釋紐約與眾不同的開創精神。

追根究柢，紐約能創造「美國例外」，其實正是美國人血液裡的 DNA。早在 1620 年，當搭乘「五月花號」（Mayflower）木製帆船的清教徒移民抵達港口，「美國例外」就悄悄在此萌芽生根。這個自由、處處是機會的新世界，儼然是築夢天堂。紐約夢，又居全美之冠。當世界各地的移民為紐約注入滿腔熱血時，什麼夢想都有可能成真。

來自台灣的紐約商業攝影師李小鏡曾描述紐約：「每個人都可以自在地發展自己，這種氣息就是別的城市沒有的。」

「紐約並不屬於單一種族或文化族群。所以，我們學習寬容、如何與其他人和諧相處。」長期居住在紐約的華裔建築師曹慰祖說，「在紐約總有人會挑戰你，問你：『為什麼這麼做？』卻不會強迫你做某些你不想做的事情。」怪點子，在其他國家多半被視為脫離規則的邊緣產物，但在紐約能受到全然鼓舞。這在 17 世紀以來，法王路易十四（Louis XIV）主張精緻、藝術化生活品味的巴黎，是不可能發生的；也和 19 世紀發動工業革命，試圖從傳統中叛逆的倫敦大不相同。沒有歷史包袱的紐約，不需要仰賴遊戲規則，因為，紐約人自有一把尺，定義屬於自己的主張。

03 不怕金錢味
把品味變成生意

對紐約客而言，品味不必高高在上，也不用怕金錢味；品味與創意可以跟大眾、跟經濟商業結合。在紐約，品味也不是專為特定階層所打造的精緻文化。追求務實的紐約客想的是，如何把品味變成一門生意，讓最多的人都能親近。就像，1960 年代，安迪‧沃荷（Andy Warhol）的普普藝術（pop art）將名人及大眾熟悉的事物，如湯廚罐頭、可口可樂等，變成一幅幅貼近大眾的畫作。他所創作大量可複製的版畫，令過去單幅的藝術創作相形失色。

全球的時尚版圖上，巴黎追求精緻高雅，倫敦特別叛逆怪異，紐約的伸展台上，雖然少不了創意，但幾乎所有的服裝，都是下了伸展台後大眾願意掏錢買、穿上街的。把 polo 衫發揚光大的雷夫‧羅倫（Ralph Lauren）、擁有多個品牌的凱文‧克萊（CK, Calvin Klein）等，就是引領紐約的簡約實用風潮邁向全球最重要的設計師。不須高高在上，能夠創新，還能讓大家都愛，才是紐約真英雄。

04 敢秀，就有機會
勇於表達主張

關於品味，你要有主張，也要敢表達——這是紐約教導全世界的。美國作家懷特在《這就是紐約》提到，紐約有三種人：一是土生土長的紐約人，二是每天通勤往返紐約的人，三是從外地前來紐約打拚的人。在地人讓紐約穩固與延續，但真正賦予紐約熱情的，卻是前來紐約實現夢想的人，他們卯足勁把夢想秀出來，那股秀勁，成為紐約最大的創新動能。不只是服飾的時尚，美食的領域也是如此。世界名廚在紐約同場較勁，從食材到空間，想盡辦法取悅大眾，這種競爭是全世界最激烈的。紐約夢，可以不顧一切。

這種「發自內心，賣力演出」的紐約基因，打造紐約百年以來的品味影響力。任何人、任何事皆有可能成為經典，無須向誰看齊，更不須任何傳承。

文／徐銘志

十種紐約態度

隱形的個性，創造有形的品味；有形的建築風景，摻雜了無形的人情溫度，這才形塑出紐約品味的底蘊。仔細觀察街頭眾生，從十種態度看見紐約本性！

©達志影像

05 潮流上身，素人也能變經典

街頭就是戲場，不知名的素人，在對的時間，出現在曼哈頓街頭，就可能變成經典，紐約是大家的舞台，此話一點不假。

06 叛逆，沒有絕對的對錯

不少人把紐約的反叛與「沒禮貌」或是「不莊重」掛鉤，比基尼女郎穿著夾腳拖坐在修女及回教婦女之間的畫面，看在衛道人士眼中，難逃敗壞的罵名，但包容不就是這樣發生的嗎？在紐約，只有看事情角度的差異，沒有絕對的對錯。

07 快，紐約人的基因

追求速度，是紐約人深埋的基因，在曼哈頓街頭，快遞代步的不是機車，而是自行車，從性格男星凱文・貝肯（Kevin Bacon）在 25 年前拍的電影《銀色快手》（*Quicksilver*），到 2012 年的《超急快遞》（*Premium Rush*），都在描述踏板上的紐約生活：充滿無數的機會，但也隱藏相當的風險。

08 街頭智慧，本地獨有

幾乎所有曼哈頓街頭的咖啡車，都用藍白相間的紙杯，裝熱騰騰的咖啡。就像台灣菜市場慣用的紅白塑膠袋及藍白拖，沒人知道何時開始盛行。街頭辛苦賺銅板的人，就是有一種集體智慧，喜歡這種「當地獨有，限地發行」的味。至於美醜，先放在一邊吧。

09 玩樂
努力工作的慰藉

「Have Fun」是紐約人常掛在嘴邊的口頭禪，就算在壓力極大的辦公室，或是步調快速的華爾街（Wall Street），玩樂永遠是努力工作的最大慰藉，每年 11 月底梅西百貨（Macy's）的感恩節大遊行，就是玩樂本質的具體表現！

10 裝腔作勢
紐約生存法則

「仗勢」才能「欺人」，不僅黑手黨了解，紐約人每天都徹底實踐；就算沒有教父撐腰，裝也要裝得有模有樣。初到紐約的留學生，到麥當勞點餐，只要英文稍有吱唔，都可能會被打工小弟戲弄一番，因此，裝腔作勢成了在紐約生存的必備法則。下回到紐約觀光，偷偷學個一兩招，好用得很。

11 追求機會
擁抱美國夢

「幸運餅乾」（fortune cookie）在亞洲從未形成風潮，卻在紐約中國城被發揚光大。因為每天要應付這個張牙舞爪的環境，隨時都需要心靈慰藉，有了幸運餅乾甜嘴，每一頓酒足飯飽之後，都是下一個發財機會的開始。

12 人文
調和庸俗味

「人文」是紐約重要的調味劑。少了人文，追求金錢就顯得庸俗；少了人文，自由競爭就會流於血腥。川普（Donald John Trump）財大氣粗的銅臭，需要伍迪・艾倫（Woody Allen）帶點羞怯的幽默調和。同一個報攤，在羶腥色的小報雜誌旁，就可能擺著反叛個性極強的《村聲》（Village Voice）週刊，可以免費拿取。再濃的庸俗，加上一點人文味，酸腐立消，文青上身。

13 貪念
向前滾動的力量

「貪婪是個好東西」（Greed is good），麥克・道格拉斯（Michael Douglas）在《華爾街》（Wall Street）電影中的這句台詞，時刻提醒世人，這是滾動紐約向前的本質，就算「占領華爾街運動」（Occupy Wall Street）把這句話拿出來撻伐，那根深柢固的力量恐怕也難拔除。

14 勤奮，不分人種

太多的紐約人生是在小黃（計程車）中上演。若把每天在大小巷穿梭的運將大哥看到的畫面，用縮時（time lapse）串起來，就是一部活生生的紐約歷史。光用想的，那走馬燈的效果就頗令人玩味，不只影像，小黃裡也藏有各式種族的氣味，有些還會在鼻腔中久久不散。

文 / 王之杰

藝術 Art

紐約瘋狂的藝術表現，充滿大膽和前衛感，永遠不怕自己和世界不一樣。

兩大藝術精神

紐約藝術圈人才濟濟，因為這是讓人敢作夢、夢想可以成真
的城市。大膽前衛、自由包容，紐約藝術圈，就是這樣異想
天開，沒有什麼不可能。

15 大膽前衛
Impossible is nothing

紐約的藝術環境極度開放，創作熱血不斷灌進，藝術家變得勇敢，敢於把腦中最新鮮點子付諸實現。世界知名的前衛藝術都在紐約發光發熱，成為紐約在全球都市中的身分識別。

紐約是個移民城市，加上第一次世界大戰，從歐洲前來的避難潮裡不乏重要藝術家，給了紐約藝術圈不小刺激；開啟紐約達達主義（Dadaism'）的馬歇爾・杜象（Marcel Duchamp）就是一個例子。直到第二次世界大戰，有更多的歐洲藝術家投奔紐約懷抱，包括超現實主義（Surrealism）創立者馬克思・恩斯特（Max Ernst），以及以《記憶的永恆》（*The Persistence of Memory*）中融化的時鐘聞名的超現實主義藝術家薩爾瓦多・達利（Salvador Dalí）。

到了 50、60、70 年代，還有許多亞洲藝術家前仆後繼去紐約，從日本自稱精神病藝術家的草間彌生，到具有世界影響力的行為藝術家謝德慶等。紐約藝術家甚至影響世界，例如，普普藝術讓藝術平民化，不再只是高掛美術館裡的作品；今日的時裝、平面、產品設計、公共藝術等，也都看得到普普藝術的影子。

舞蹈家許芳宜說：「全世界的人都想到曼哈頓這個小島上作夢，大家野心勃勃。」不管在經濟、文化、藝術上，曼哈頓一切的一切，就像個心臟，不斷在換血，要最新鮮、最快的、最好的。因此，紐約成為藝術表演的指標和龍頭，充滿大膽和前衛感，永遠不怕自己跟世界不一樣。

郭政彰攝

16 自由包容
拋開框架與成見

在紐約，隨便吸一口空氣，都有自由和包容的基因。你會看到花了許多錢的藝術大製作，也會看到只靠一個人的小型創作，兩者給人的震撼力和啟發卻可能不相上下。許芳宜説：「我曾經參與的慢舞（Slow Dancing）計畫，這個攝影師很妙，他想要所有的舞者做五秒的動作，再以極慢速的影像呈現。執行的時候，就在一個小公寓裡拍攝，很簡單。直到在林肯中心（Lincoln Center）實際播放時，十幾公尺高的巨幅動態影像，才讓我很震撼。慢舞回響之大，後來還去世界巡迴。」

紐約藝術圈，就是這樣異想天開的，沒有什麼不行。可以説，Impossible is nothing（沒有不可能）是最好的詮釋。

許芳宜説：「我還看過一位搞裝置藝術的人，想做一檔展覽。他就印幾張傳單，在路上發，或寄給朋友，然後在展覽時，打開自己家門，讓大家到他家去看展。展場就窩在一個公寓裡面，進去前還有管理員。大家過去辦展覽的既定印象，總要租個場地吧。沒有，他就在公寓裡面。他自己的畫就貼在牆上。什麼不行？沒什麼不行！所以你説有不有趣？」紐約對於未知的領域，具有包容性，紐約的觀眾總是敞開心胸，勇於接受創作者的嘗試。

在紐約，要一夕成名是非常可能的。像是以「跪趴小人」聞名的塗鴉畫家凱斯・哈林（Keith Haring），原本在地鐵站內創作，在接受電視台採訪他的地鐵塗鴉後，一時聲名大噪。

在紐約看藝術或表演，心態最好和這個城市一樣敞開，沒有框架和成見。很多觀眾會説，「怎麼辦，我該準備什麼去看表演？我會不會看不懂現代藝術？」其實，不需要期待，也不要害怕，無所為，也許就是最好的行為。觀眾就把自己交出去，讓作品有機會靠近你、擁抱你，好好感受即可。因為在紐約，沒有人説一定要在大型美術館才會看到好東西，這裡也有像是跳蚤市場一樣的藝術環境。你不去翻，就找不到好東西。

文 / 徐銘志

©達志影像

一位視覺藝術開創家

提到紐約藝術，你一定要認識安迪‧沃荷。關於這位視覺藝術開創家，英國媒體説：「沃荷是全世界最出名的畫家，他挽救了藝術，讓藝術走向大眾」。美國藝評則説：「安迪是『藝術的末日』，自從普普藝術後已經沒有藝術。」

17 安迪‧沃荷
普普藝術頭號旗手

提到紐約藝術，不能不知沃荷。沃荷是美國普普藝術的開創者之一，紐約，則是他的成名之處。1961 年沃荷的第一批普普繪畫作品在紐約布朗威‧泰勒（Bonwit Teller）商店的櫥窗展示，其中包含一幅卡通超人的漫畫作品，讓他一炮而紅。

沃荷一點都不排斥藝術與金錢掛鉤，甚至進而認為應該要努力把藝術商業化。

沃荷在首度個展中，展出最有名的連續表現作品《一百個湯罐》（100 Soup Cans）、《一百個可樂瓶》（100 Coke Bottles）、《一百張美元鈔票》（100 Dollar Bills）。那些不斷複製的罐頭、可樂，某種程度象徵沃荷眼中資本主義、工業時代的生產方式，也透過藝術來表現結合。1971 年蘇富比（Sotheby's）拍賣《一百個湯罐》時，才賣了一萬美元，但後來他的多幅作品拍賣價都超過數百萬甚至上千萬美元。

Author: MichaelPhilip © Wikimedia Commons

Author: Teñünya © Wikimedia Commons

Author: Grhabyt © Wikimedia Commons

把同一個主題，如同商標一般重複、變化出現，是沃荷的代表性風格，也為當今普普藝術風格定調。他尤其喜歡拿名人來創作，如瑪麗蓮‧夢露（Marilyn Monroe）、貓王（Elvis Aaron Presley）、毛澤東、麥可‧傑克森（Michael Jackson）等人。事實上，當沃荷成名後，來自社會名流、電影明星的肖像繪製要求不斷，成為他事業重要的一部分，也是收入的主要來源。

文 / 孫秀惠

人物
小檔案

安迪・沃荷
（Andy Warhol, 1928 -1987）

身分：藝術家、插畫家、電影拍攝者

作品：《一百個湯罐》
　　　《一百個可樂瓶》
　　　《一百張美元鈔票》

名言：「賺錢是一種藝術，工作也是一種藝術，
　　　最賺錢的買賣是最佳的藝術。」

四大前衛藝術

第一次世界大戰期間的達達主義、1940 年代的抽象表現主義（abstract expressionism）、1960 年代的普普藝術，以及 1980 年代的塗鴉藝術（graffiti art），這四大知名前衛藝術，都在紐約大放異彩。

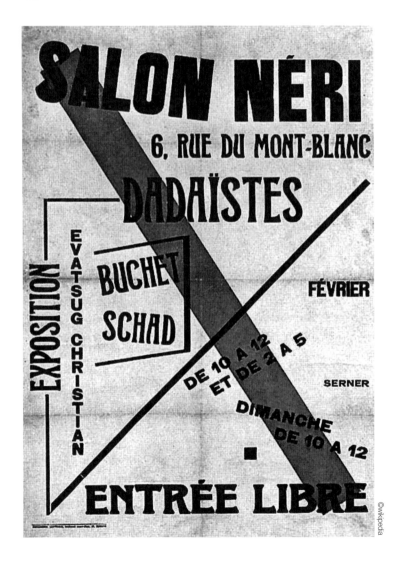

©wikipedia

馬歇爾‧杜象

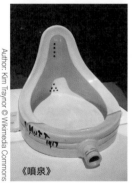

《噴泉》

18 達達主義
反藝術，卻創造新藝術

達達主義推翻所有現行藝術標準，否定藝術的永恆價值，讓偶然、抽象與矛盾，成為達達的註冊商標。諷刺的是，儘管達達主義如此「反藝術」，卻被視為 20 世紀現代藝術的新起點，它本身也成了一種藝術。

達達主義源自 1916 年第一次世界大戰期間，一群反戰藝術家聚集在中立國瑞士的蘇黎世，表達他們反現代生活、反藝術的概念。他們寫沒有意義的詩，把報紙上的字剪成一片片，裝在袋子裡搖一搖，倒出來把字排序就是一首詩；他們創作沒有意義的畫，把一幅畫撕了，重新依照掉落地上的樣子黏起來，就成為一幅新畫作。

同一時間，從法國流亡美國的藝術家馬歇爾‧杜象，也開啟了紐約達達主義。杜象的著名作品《噴泉》（*Fountain*），實際上就是一個小便斗，他故意放到藝術館內展覽，讓許多觀眾一頭霧水，卻又假裝相信這就是藝術。杜象也在達文西（Leonardo da Vinci）的《蒙娜麗莎的微笑》（*Mona Lisa*）上，刻意加上兩撇鬍子，在破壞藝術的同時，創造出新的藝術形式。

杜象這種反藝術的挑釁動作，讓他成為達達主義的先鋒。他以敏銳的感受力與造形能力，對抗藝術成見，終於打破桎梏，讓紐約藝術形式擁有更大的自由，影響了二次大戰後的普普藝術以及歐洲後來的超現實主義。

文／夏凡玉

行動繪畫的表現手法

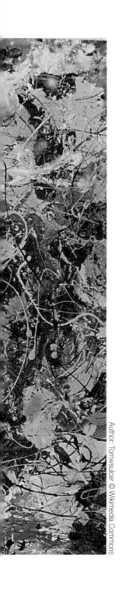

19 抽象表現主義
狂放自由的紐約畫派

抽象表現主義又稱為「紐約畫派」（New York school），畫風豪放、粗獷、不受拘束，充分反映出美國人崇尚自由，以及勇於創新的性格。

19 世紀以來，美國一直是西方藝術運動的先鋒之一。但，直到抽象表現主義在 1946 年的紐約興起，紐約才真正取代巴黎，成為西方藝術中心。

抽象表現主義的作品風格多樣化，共同特色是不描繪大自然，不詮釋人事物，經常以畫筆「滴灑」的方式，開創「滿幅畫」的構圖。藝術家用點、線、面、形狀與色彩，表達內心的即興感受，藉以激發閱讀者的想像，啟迪人們的思維。

抽象主義運動中，最重要人物就是傑克森‧普洛克（Jackson Pollock）。他創造「行動繪畫」（action painting）一詞，就是潑灑流動的油彩顏料、滴落在畫面上，營造出如蕾絲般的纏繞、鏤空效果，卻能達到傳統油畫中的透明表現。

當代藝術拍賣市場中，抽象表現主義的作品屢創新高。2006年，傑克森‧普洛克的巨作《N.5,1948》就以 1.4 億美元的天價賣出，成為世界上第二高價賣出的油畫。第一高價則是印象派（Impressionism）大師賽尚（Paul Cézanne）的名作《玩牌者》（*Les Joueurs de cartes*）以 2.5 億美元賣出。

文／夏凡玉

20 普普藝術
前衛的精神象徵

普普藝術亟欲諷刺主流文化（popular culture），卻成為 20 至 21 世紀不可或缺的主流文化指標，擷取美國流行文化圖騰、生活中極其平凡的物件，以直白、赤裸的方式拆解再組裝，透過大眾媒體重複放送，突破純藝術與通俗文化的鴻溝，讓藝術家與觀賞者，皆成為創作的一部分。

普普藝術於倫敦而生，在紐約發揚光大。1950 年代初由作家、年輕藝術家、評論家和建築師等領域人士組成的獨立團體（Independent Group）在英國倫敦當代藝術協會（Institute of Contemporary Arts）集體創作與思辨，激辯出普普藝術的雛形；1956 年藝術家理查‧漢爾頓（Richard Hamilton）於「此即明日」（This Is Tomorrow）畫展中發表的拼貼畫《是什麼讓今日家居變得如此不同？如此具吸引力？》（*Just what is it that makes today's homes so different, so appealing？*），擷取商標、性、電影和生活必需品圖像，拼貼在一個客廳空間中，諷刺市儈人性，被視為普普藝術作品先驅。

1958 年評論家羅倫斯‧艾偉（Lawrence Alloway）發表的論述〈藝術與大眾媒體〉（*The Arts and the Mass Media*），更確立普普藝術的創作進行式，是藝術家對二次大戰後抽象表現主義的反動，擷取達達主義的「反藝術」精髓，將消費性商品、生活用品及偶像，比如美國國旗、標靶、毛澤東、幾何圖形等拼貼，以鮮豔的色彩、大膽搶眼的表現手法，以油畫、絹印版畫、攝影、雕塑等各種形式呈現。

彼時紐約，正承受摩天樓競賽後的經濟衰退期，好萊塢電影工業與流行音樂充斥美國各地，普普藝術因大量生產而廉價，取用大眾流行語言，拉近平民百姓與藝術的距離，藉以在紐約迸發巨大影

響力。1964 年沃荷成立藝術創作基地「工廠」（The Factory），挑戰學院派藝術價值、極具反社會精神，被視為普普藝術重要開創者之一。普普藝術代表人物還有羅伯特·印第安納（Robert Indiana），他最著名的作品「LOVE」，成為廣受歡迎的城市地標。普普藝術並衍伸成普普風，應用於服飾、居家設計和包裝等產品。靈感擷自生活，反饋於生活，儘管普普藝術一度衰退、承受正反兩極評價，至今仍是前衛的精神象徵。

文 / 李思嫻

21 塗鴉藝術
　　街頭次文化的逆襲

骨子裡流著反叛血液的塗鴉藝術，在紐約極具爭議性。紐約地鐵是
塗鴉客的終極聖地，他們無畏政府體制打壓，使塗鴉成為街頭藝術
（street art）不可或缺的一部分。

1960 年代塗鴉洪流從費城（Philadelphia）傳至紐約，在紐約市北
邊的布朗士（Bronx）及華盛頓高地（Washington Heights）醞釀能
量，塗鴉藝術家自稱寫手（writer），塗鴉文字，以街頭編號為名

劃分地盤，早期塗鴉客 TAKI 183 及 Tracy 168，暱稱後的數字即源
自其居住的貧民窟街道。

在 1990 年代政府掃蕩塗鴉、整頓紐約市容前，紐約地鐵是塗鴉客
創作的天堂，噴漆、油漆、粉筆都是利器。具流動性質的地鐵，將
塗鴉作品從貧窮的布朗士駛進高級的曼哈頓島，藉以掠取更高的注
意，此外，屋頂、橋下和街道牆面都是他們藉以傳播理念的載具、
向社會發聲的管道。

標語、人物、圖像，紐約的塗鴉被視為畫風激進的狂野流派（Wild
Style），極富諷刺與詩意性，原是另類的次文化（subculture），

凱斯‧哈林的小人系列塗鴉

5 Pointz 塗鴉大樓原貌

1980 年代廣受媒體注意，開始進入博物館、藝廊等主流殿堂。藝術家尚·米榭·巴斯奇亞（Jean-Michel Basquiat）化名 SAMO 在街頭塗鴉煽動標語，而後他專注於新表現主義（Neo-expressionist）畫作，部分作品典藏於紐約惠特尼美術館（Whitney Museum of American Art）。

著名的街頭塗鴉藝術家、社會運動者凱斯·哈林，活躍於 1980 年代，以白色粉筆在紐約地鐵牆上塗鴉起家，作品描繪生、死、性與戰爭，《光芒四射的嬰兒》（*The Radiant Baby*）、《安迪·沃荷與米老鼠》（*Andy Mouse*）都是經典之作，注重結構性，具有普普藝術特質，並於後期發展出成熟的商業品牌。

在原全紐約最具歷史意義的皇后區（Queens）5 Pointz 塗鴉大樓被毀滅性地漆成白色，準備興建高級套房後，同在皇后區的威靈庭院壁畫計畫（Welling Court Mural Project）則成為目前紐約最具規模的塗鴉聚落。

文 / 李思嫻

現代藝術一大傳奇

MoMA 與倫敦的泰特現代美術館（Tate Modern）、巴黎的龐畢度中心（Centre Georges Pompidou）並稱為世界三大現代藝術中心，MoMA 又是其中歷史最悠久、館藏最豐富多元、最不讓人打瞌睡的，而其誕生就是一個傳奇。

22 MoMA 現代藝術館
令人驚豔的當代作品

是哪個博物館的展覽讓女神卡卡駐足，讓香奈兒（Chanel）辦時尚派對？答案是：紐約現代藝術博物館（Museum of Modern Art，簡稱 MoMA）。

1928 年，當時紐約社交圈有「驚世三名媛」（Daring Ladies）：洛克斐勒家族二代夫人艾比（Abby Aldrich Rockefeller），以及兩大現代藝術蒐藏家蘇麗文（Mary Quinn Sullivan）和布莉斯（Lillie P. Bliss），在一頓午餐聚會中決定成立一個「小型」現代博物館，做為現代藝術的教育機構，並租借一層位於第五大道（5th Avenue）尾端的辦公大樓做為辦公室和展場，館藏只有 8 幅畫和 1 幅素描。之後，艾比的兒子成為 MoMA 的長期贊助者，也因此 MoMA 暱稱為「媽媽的博物館」。

隔年，就在華爾街崩盤的「黑色星期二」前 9 天，在僅能容納 650 人的 5 間辦公室，MoMA 舉辦首次展覽。為了開展，在館長巴爾（Alfred Barr Jr.）的主導下，向歐洲、美國 34 個蒐藏家、6 個藝術經紀公司、5 個博物館借來 90 幅印象派作品，這也是當時美國規模最大的一次印象派畫展。MoMA 的企圖心可見一斑。

接下來的 10 年，巴爾徹底發揮自己對現代藝術的愛好和策展能力，特別是在 1930 年代後期舉辦梵谷（Vincent Willem van Gogh）和畢卡索（Pablo Ruiz Picasso）兩大個展，奠定 MoMA 的國際聲譽，在內涵上更凸顯該館定調的「現代」，觀點側重於後印象派（Post-Impressionism）、立體派（Cubism）及抽象表現主義，有別於當時以印象派做為現代主流。

1950、60 年代以後，美國及歐洲其他城市開始複製紐約現代博物館形式，諸如舊金山現代藝術博物館（SFMoMA）、巴黎現代藝術博物館（Musée d'Art Moderne de la Ville de Paris）、維也納現代藝術博物館（Museum Moderner Kunst Stiftung Ludwig Vien，簡稱

MUMOK），不過 MoMA 已經成為「現代藝術博物館」的代名詞，若不指明地點，只要提到 MoMA，大家就知道指的是紐約現代藝術博物館。

1939 年落成於曼哈頓第 53 街新址的 MoMA，由建築師強生（Philip Johnson）設計，在外觀上，摒棄傳統博物館羅馬式廊柱建築、改走少裝飾、大空間感、玻璃帷幕的國際風格（international style），成為現代主義建築（modern architecture）代表之一。

雖名為「現代藝術」博物館，MoMA 的蒐藏範圍卻遠超過現代藝術畫作範圍：15 萬件館藏涵蓋畫作、攝影、建築、設計等類別，另外有 22,000 部電影、30 萬冊書及超過 7 萬位藝術家的資料。如果對藝術沒興趣，地下 1 樓有米其林一星「現代」（The Modern）餐廳，樓上還有兩家輕食咖啡廳；對面的 MoMA Store 是買紀念品和小禮物的好地方。如果已厭倦曼哈頓的「大資」情調，搭趟巴士或捷運就可到 MoMA 與當代藝術中心合作的 MoMA PS1，感受新生代創作者的作品。可以說，任何人來到這裡，都可以找到自己喜歡的藝術氛圍，並讓藝術成為自己生活的一部分。

從經濟發展角度來看，美國度過大蕭條後，紐約在 50、60 年代取代倫敦成為世界金融中心，也靠放任市場資本主義創造大量財富，MoMA 做為紐約財富累積的象徵之一，創始緣起的血液裡就蘊含了商業性格。加上 MoMA 要自籌財源、自負盈虧，因此也是全球第一個採用會員制的博物館。

文 / 單小懿

Info.
紐約現代藝術博物館
（Museum of Modern Art，簡稱 MoMA）
地址：11 West 53rd Street New York, NY 10019
電話：+1-212-708-9400

MoMA 五大必看館藏

走進 MoMA，不妨順著時間脈絡參訪，從印象派、後印象派、立體派、抽象表現主義，到普普藝術，其中包括星夜、壹：31 號、I ♥ NY 等都是不可錯過的必看館藏。

星夜／梵谷 The Starry Night／Vincent van Gogh，1889

©wikipedia

23 星夜
20 世紀表現主義先驅

1970 年,美國民謠詩人唐・麥克林(Don Mclean)因看到梵谷畫冊中的《星夜》(*The Starry Night*)有感而發,寫下冠軍單曲〈文森〉(*Vincent*),歌詞第一句便是「Starry starry night」。此畫也因此成為最知名的梵谷作品之一。

這是梵谷自殺前一年的作品,當時畫家因為精神與身體衰弱,住進南法小鎮聖雷米(Saint-Rémy-de-Provence)的療養院裡調養,足不出戶。晚上,梵谷從窗戶凝望遠方;白天,再靠記憶作畫。他一反印象派柔美朦朧的做法,筆觸厚重凌厲,且帶有死亡意象,同時也跳脫印象派畫家寫實主義傳統,畫中除山腳下城鎮再現真實外,其餘如天空、柏樹都與現實相去甚遠。對梵谷而言,他是表現心中所感,而非再現真實,此畫因此被稱為 20 世紀表現主義(Expressionism)的先驅。

文 / 單小懿

24 沉睡的吉普賽人
超現實的純真幻想

畫風天真，熱中於創造幻想世界的畫家亨利・盧梭（Henri Julien Félix Rousseau），最出名的代表作即是這幅於 1897 年創作的《沉睡的吉普賽人》（*The Sleeping Gypsy*）。盧梭身在 19 世紀末的法國畫壇，新興的印象派、後印象派、新印象派（Neo-Impressionism）陸續登場，傳統繪畫被遠遠拋在後頭，但他卻也不追逐新潮流，用純真原始的情趣畫出自己獨特的一條路。評論家說盧梭的畫風像是孩子，其中卻融入了高度專業。

看似詩情畫意的《沉睡的吉普賽人》，筋疲力盡的吉普賽女郎倒臥沙漠中，獅子嗅聞著卻未張口，不真實的月光透著一股神祕氣息，這種原始童話般的魅力，讓後來的超現實主義畫家相當著迷。盧梭的作品對後來幾位藝術家產生廣泛影響，甚至畢卡索還曾以盧梭的名義在工作室辦了一場「盧梭之夜」。不曾正式學畫的盧梭曾說，「大自然就是老師」，叢林場景經常出現在他的畫作中，動畫電影《馬達加斯加》（*Madagascar*）就是從盧梭的作品中得到啟發。

文 / 林美齡

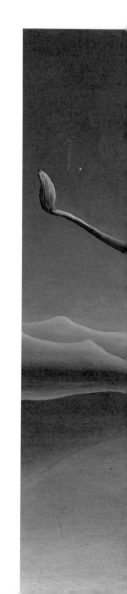

沉睡的吉普賽人 / 盧梭
The Sleeping Gypsy / Henri Julien Félix Rousseau，1897

壹：31 號 / 普洛克
One: Number 31
Jackson Pollock，1950

25 壹：31 號
抽象表現主義名作

1950 年代是紐約的年代，經濟上紐約取代倫敦成為新金融中心，藝術上也逐漸取代巴黎，開始主導現代藝術潮流，最具代表性的便是抽象表現主義。MoMA 可説是孕育抽象表現主義的溫床，所以到 MoMA 看抽象表現主義作品，可以完整見證藝術潮流從興起、鼎盛到影響力擴散的過程，非看不可。而抽象表現主義代表畫家中，第一個獲得國際聲譽的，便是普洛克，《壹：31 號》（*One: Number 31*）這幅作品是他晚年最負盛名代表作。

《壹：31 號》這幅畫尺寸非常大，占據展覽室一整面牆，通常觀者對此畫的第一個疑問便是：畫家是怎麼畫出這幅作品的？

普洛克先把畫布整個攤平在地上，調好琺瑯漆（enamel paints），然後拿起油漆桶、走上畫布，運用手腕和手臂控制力道，直接將琺瑯漆邊走邊淋在畫布上。因為在室外作畫，你甚至會看到落葉、菸蒂等雜物被琺瑯漆固定在上面的痕跡。畫布不再只是畫家作畫的媒介，進一步成為畫家行動的場域，所以，普洛克被認為是行動畫家的始作俑者。

乍看這幅畫，就是一片混亂，某個程度反映普洛克創作後期身陷酗酒和精神失常的身心狀態，同時也打破具象美學中有視覺焦點、描繪有形態的形式主義傳統。觀眾看不看得懂不重要，重要的是直接表現畫家的內在感受給觀者，而這就是抽象表現主義的精神。

26 I ♥ NY
觀光客最愛標誌

©wikipedia

「我愛紐約」絕對是有史以來被翻玩最普遍、也最多次的圖示。普普主義插畫家葛拉瑟（Milton Glaser）在 1977 年，受紐約州商業廳之邀，設計行銷紐約州的標語和圖示。他以為這不過是個暫時性的活動，於是免費幫商業廳設計了「我愛紐約」，沒想到因為直接好懂，立刻被商人轉印在白色 T 恤上，成為觀光客來紐約的必買紀念品。之後，這個表現方式被大量運用在其餘各種城市的紀念 T 恤上，幾乎每到一個城市，都會見到「I ♥ XX」的標誌。

27 法拉利 641／2
汽車工業的最高成就

Author：wbaiv © Wikimedia Commons

1990 年，由英國設計師巴納德（John Barnard）和義大利法拉利（Ferrari）車隊共同設計的 F1 賽車法拉利 641/2，是 MoMA 設計館裡唯一的賽車。此款車一出現便贏得 6 次 F1 冠軍。法拉利 641 有兩項革命性突破：一是該車是第一輛採用碳纖維製作駕駛座和一體成型車體的賽車，車身的線條可以讓風阻降到最低，又能承受足夠的風壓。二是設計師巴納德為車手設計出半自動換檔系統，車手可以用方向盤後方兩個換檔控制桿換檔，雙手不用離開方向盤。

文／單小懿

全美第一大博物館

坐落於紐約中央公園（Central Park）旁的大都會博物館
（Metropolitan Museum of Art），是全美第一大博物館，有
近 300 萬件館藏，展出面積超過 20 公頃。

28 大都會博物館 創意行銷屢創話題

1872 年成立的大都會博物館,最初是由一群含括商人、銀行家、藝術家與思想家的美國公民共同成立。不同於其他大博物館,許多重要館藏來自殖民地,或經由戰爭掠奪,大都會博物館的館藏幾乎全為私人捐贈或館方購買,讓博物館少了「帝國主義展覽場」的臭名,更可見紐約有錢人的財力雄厚。

大都會博物館,與巴黎羅浮宮(Musée du Louvre)、倫敦大英博物館(British Museum)及俄羅斯聖彼得堡冬宮博物館(「осудар́ственный Эрмита́ж),並列為「世界四大博物館」。

雖少了皇室藏品與戰利品,跟歐洲幾大博物館比起來,大都會少有獨家明星展品;例如巴黎奧塞博物館(Musée d'Orsay)的印象派畫作,倫敦大英博物館的古文物。但其實,大都會博物館的各式蒐藏毫不遜色,而且館內的藝術展出,更帶著這城市不按規則的放肆性格,各項「創新」做法領先全球的博物館。

例如過去幾年有許多具話題性的展覽,其一,2011 年,展出已故服裝設計師亞歷山大‧麥昆(Alexander McQueen)回顧展──「野蠻的美麗」(Savage Beauty),短短 3 個月展期就吸引超過 62 萬人次參觀,是大都會博物館有史以來觀展人次第二高的展覽。其二,2012 年夏天,策畫普拉達(Prada)設計總監繆西亞‧普拉達(Miuccia Prada),與 20 世紀前葉和香奈兒並列法國一線女裝設計師的夏帕瑞麗(Elsa Schiaparelli)的服裝對話展,再度掀起熱潮。

比起歐陸的博物館，大都會博物館行銷手法更大膽。你好奇好萊塢影星休·傑克曼（Hugh Jackman）眼中的大都會博物館是什麼樣子嗎？路易·威登（Louis Vuitton，簡稱 LV）創意總監馬可·雅可布（Marc Jacobs）又最喜歡大都會博物館的哪些展品？2012 年，大都會博物館罕見地找來各界名人，為他們的年度活動「What's Your Met」大打名人牌，是許多老博物館不會使用的話題手段。

文 / 吳中傑

Info.
大都會博物館（Metropolitan Museum of Art）
地址：1000 5th Avenue New York, NY 10028
電話：+1-212-535-7710

大都會精選五大必逛

占地廣闊的大都會博物館，內部依展品性質與屬地，分為 19 個
館，並在曼哈頓上城區設有一個修道院分館，若要在一天內逛完並
不容易，建議選定以下五大最具特色的展覽空間，做點狀攻略。

29 丹鐸神廟
　　貨真價實的埃及神廟

這是大都會博物館中，體積最大的一件藏品，也是鎮館之寶：一座貨真價實的埃及丹鐸神廟（The Temple of Dendur）。這座有3,000 多年歷史的神廟，是埃及地區以外，世上唯一一座完整的埃及神廟。1960 年代，因埃及政府興建阿斯旺水壩（Aswan），完工後許多古文物將沉在水底，美國政府因而伸出援手，協助保存。1965 年，埃及政府為感謝美國，而將此神廟做為謝禮。

神廟四周有座如護城河的水道，試圖呈現丹鐸神廟當初被尼羅河包圍的景象，旁邊一整面的傾斜落地窗，提供良好的自然照明，完整的空間與氣氛營造，使這裡成為博物館最有人氣的一角，館方也曾多次出借此展廳，使之成為紐約名流聚會、雅宴的場地。

萊特的房間

30 萊特的房間
一窺綠建築先驅設計的家

為什麼在大都會博物館內,會有一個如同私人房間一般的展覽室呢?這位萊特,不是駕駛飛機的萊特兄弟,但同樣大有來頭。

活躍於 19 世紀末至 20 世紀中葉的建築師萊特(Frank Lloyd Wright),是有機、綠建築的先驅,他強調使用自然材料,讓建築與地景融合,並將建築視為有機體,強調建築須依照中心意境或主題去設計。

萊特的代表作落水山莊(Falling water),是 2000 年美國建築師協會票選,20 世紀全美建築第一名。大都會博物館內的這間房間,移植萊特實際設計過的住宅,將整個起居室複製到博物館內,內部所有家具設計也都出自萊特之手。

31 阿斯特中式園林庭園
宛若置身蘇州園林

在大都會博物館的二樓,彷彿時空錯置,這裡竟然出現一座完整的
中國園林建築。這座阿斯特中式園林庭園(Astor Court),其實也
是個展示空間,完成於 1980 年,建築設計參考被列為世界遺產的
江南庭園網師園,走蘇州園林風格,裡面的建材,也全都來自中
國,並有個中文名字,叫「明軒」。內部展覽著中國明清時期的家
具,讓參觀的遊客宛若置身中國,從五感來認識中國文化。

32 盔甲與武器館
重現盔甲往日榮光

盔甲與武器蒐藏品,常見於許多博物館,為什麼要特別在大都會觀賞?原因是這裡的藏品範圍最完整,陳列方式也最有趣。藏有15,000多件展品的盔甲與武器館(Arms and Armor),藏品橫跨的地理範圍,幾乎是全館最廣,包括埃及、古希臘、羅馬、古代近東地區,甚至到非洲、大洋洲和當代的美國槍械都有,就算不是武器迷,也會被眾多盔甲武器傑出的手工藝給迷倒。

第二個特點,則是大都會博物館一貫擅長的情境式展示空間,這邊的盔甲與武器,不只是擺放在玻璃櫥窗內,也不只是一整尊立在牆邊,供人觀賞,而是實際穿戴在一整隊的騎兵塑像上,彷彿以巡遊之姿,在展場中威武出征,讓人看見那些盔甲往日的榮光。

066 放肆 紐約

33 頂樓花園
辦特展、開派對,創意無限

參觀博物館時,我們總是將重心放在室內琳瑯的展品,很少好好觀賞博物館本身,或戶外空間的陳設,而大都會博物館的頂樓花園(roof garden),是你不能錯過的空間。近幾年,大都會博物館相當用心經營頂樓花園,每年夏秋,都會邀請一位現代藝術家,在此展覽。例如 2006 年時,華裔藝術家蔡國強,便曾在此舉行裝置藝術展;2010 年時,一對美國兄弟檔藝術家,則將整個頂樓花園,化身為由竹子所建起的迷宮。

在春夏的每週五、六晚上,頂樓花園會搖身一變為露天空中酒吧,可以在裝置藝術展品圍繞下,一邊觀賞中央公園與曼哈頓上城區的夜景,一邊和好友開心地乾杯,甚至還有支持多元性別的同志酷兒(Queer)派對。想像要是台灣的故宮或北美館,辦起同志派對會是什麼光景,就知道大都會博物館是多麼具有開創性格。

文 / 吳中傑

一位電影大師

要彰顯戲味濃厚的紐約精神，非伍迪・艾倫和他關於紐約的電影莫屬。集劇作家、導演、演員、爵士樂手於一身的他，本身就是紐約的縮影。

34 伍迪・艾倫
和紐約談戀愛的喜劇天才

身為歐洲猶太裔後代的伍迪・艾倫，成長於經濟大蕭條和第二次世界大戰的年代，他的電影卻是異想天開、不受框架所束縛。

早期由他執導、自演的電影《香蕉》（*Bananas*），誇張的大鬍子造型和充滿超現實的插科打諢劇情，觀眾明明知道劇情不合邏輯，仍捧腹大笑。在伍迪・艾倫式的電影中，小人物總是會跳脫出原本

郭政彰攝

伍迪・艾倫電影《曼哈頓》（*Manhattan*）海報，以曼哈頓大橋（Manhattan Bridge）為主景。

的角色，出現奇異的遭遇。所以，從鄉下來專司幫紐約有錢人遛狗的女生，會變成大學教授的夫人與繆思。黑道殺手也可以因為獨特的江湖閱歷，成為賣座劇作家。總是在裡頭軋一角的他，三不五時跳脫情境對著鏡頭喋喋不休，帶著紐約滿不在乎的黑色幽默，背後則隱含對於生命、社會議題的探討與批判，和對自由與生活熱情的執著。

在 20 世紀的後三分之一，他近 6 成作品獲奧斯卡獎提名，並拿下 4 座奧斯卡獎。以紐約為多數電影拍攝場景的他，就像和紐約談戀愛，幾乎成為紐約的另一個代名詞。在他的電影中，你可以找到紐約人生命動力的源頭，也可以找到紐約最生活、最浪漫的場景。

而伍迪・艾倫詮釋下的紐約，最動人的事物是發掘自己的內心，為生命賣力演出。就像他的黑色幽默電影《百老匯上空子彈》（*Bullets Over Broadway*）裡出身黑道打手的編劇，一旦發現自己內在的動能，就毫不顧忌地為了創作最好的劇本前進，甚至在被黑道老大幹掉的前一刻，還想修改劇本的一句話。

文 / 徐銘志

人物小檔案

Author: Strassengalerie
© Wikimedia Commons

伍迪・艾倫（Woody Allen, 1935 - ）
現職：編劇、導演、演員、爵士樂手
成名作：《安妮・霍爾》（*Annie Hall*）
作品風格：以幽默喜劇呈現中產階級對於生活不
　　　　　滿的喋喋不休，6 成電影作品以紐約
　　　　　為拍攝基地
成就：奧斯卡最佳原著劇本提名最多次的編劇

最閃亮的一個圓夢舞台

如果說紐約是世界大都會之冠，那華爾街、第五大道，以及
百老匯（Broadway），就是皇冠上的 3 顆鑽石，分別將紐約
帶上全球財富、時尚和戲劇的聖母峰。

35 百老匯
匯集全球的明星夢

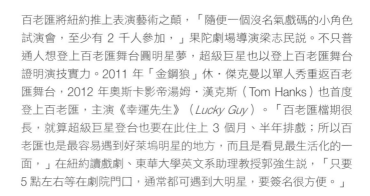

百老匯將紐約推上表演藝術之顛,「隨便一個沒名氣戲碼的小角色試演會,至少有 2 千人參加,」果陀劇場導演梁志民說。不只普通人想登上百老匯舞台圓明星夢,超級巨星也以登上百老匯舞台證明演技實力。2011 年「金鋼狼」休・傑克曼以單人秀重返百老匯舞台,2012 年奧斯卡影帝湯姆・漢克斯(Tom Hanks)也首度登上百老匯,主演《幸運先生》(Lucky Guy)。「百老匯檔期很長,就算超級巨星登台也要在此住上 3 個月、半年排戲;所以百老匯也是最容易遇到好萊塢明星的地方,而且是看見最生活化的一面,」在紐約讀戲劇、東華大學英文系助理教授郭強生說,「只要 5 點左右等在劇院門口,通常都可遇到大明星,要簽名很方便。」

以百老匯為起點,最後成為超級巨星的代表人物,首推影史上第 3 賣座電影《真善美》(The Sound of Music)女主角茱莉・安德魯斯(Julie Andrews),她是影史上唯一一拿過奧斯卡和金球獎最佳女演員、艾美獎和葛萊美最佳演唱專輯、終身成就獎,並獲得 3 次東尼獎(Tony Award,美國戲劇界最高榮譽,參選劇目包括話劇類和音樂劇類)提名的全方位超級巨星。安德魯斯更在 1995 年以 60 歲之姿重返百老匯演出舊作《雌雄莫辨》(Victor Victoria)。另外,保羅・紐曼(Paul Newman)、達斯汀・霍夫曼(Dustin Hoffman)也都是在百老匯或外百老匯(Off Broadway)劇場起家,最後拿下奧斯卡獎的超級巨星。

很多人提到紐約百老匯,就想到倫敦西岸劇場區(West End Theater District),此兩大著名劇場的戲劇特色各有不同。西岸的劇場最早可追溯到 16 世紀,在音樂劇傳入之前的 3 百年間,劇院都是演出正統舞台劇,觀眾在意劇本、演技勝過舞台效果,所以這裡戲劇的舞台布景、機關不及百老匯來得創新,許多叫好叫座的劇碼對非英語系觀眾而言,會因缺乏文化背景而不易理解。所以普遍說來,紅到百老匯才算全球知名。

百老匯兩層意義

瘦皮猴法蘭克‧辛納屈（Frank Sinatra）在〈紐約‧紐約〉（*New York, New York*）中唱：「如果我能在此成功，我就可以在任何地方成功」，指的就是百老匯。

©wikipedia

36 百老匯超吸金
全球最大表演藝術市場

百老匯是以巴特里公園（Battery Park）為起點，往北貫穿曼哈頓島，全長 25 公里的一條街，狹義指以時代廣場附近、42 街到 53 街共 12 個街區內、40 家座位數超過 500 個的劇院為中心，由此輻射出去的舞台表演產業；入夜後，百老匯劇院亮起白色燈管的招牌，整條街燈火通明，所以從 20 世紀初開始，百老匯又別名為「白色大道」（The Great White Way）。根據百老匯聯盟的統計，「白色大道」上有 500 個座位的大型劇院，年平均售票收入將近 110 億美元（約合新台幣 3,200 億元），每年看戲超過 1,250 萬人次。所以說，百老匯無疑是全世界最大的表演藝術市場。

這還不包括外百老匯劇院區和外外百老匯劇院（Off Off Broadway）。位於西 40 到 54 街、第五到八大道之外的劇院，座位數在 499 到 100 之內的屬於「外百老匯」，座位數在 100 以下的屬於「外外百老匯」。越外於百老匯的戲碼，實驗性質越濃厚，其戲碼頗有與百老匯商業製作抗衡的意圖。當然，實驗性較強的戲碼攻入百老匯舞台也所在多有，最有名的就是音樂劇《吉屋出租》（Rent）以及《搖滾年代》（Rock of Ages）。

37 史上第一齣音樂劇
誕生於百老匯

從文化意義來看，百老匯指的便是「音樂劇」（Musical）。1866 年，一個巴黎芭蕾舞蹈團受邀到紐約參加演出，想不到演出場地被火焚毀，邀請他們來的舞團又無預警解散，於是這個巴黎芭蕾舞蹈團開始四處尋求演出機會，最後找到百老匯街上的尼布羅花園劇院（Niblo's Garden Theater）；劇院經理突發奇想，要舞團在既有的舞台劇《惡騙子》（Black Crook）裡擔任舞群，融入芭蕾舞元素。沒想到此舉竟在當時造成轟動，《惡騙子》連演 474 場，打破當時所有劇院的演出紀錄，史上第一齣音樂劇，就此誕生。從此，這種戲劇結合音樂和舞蹈的表演，蔚為風潮，百老匯也成為音樂劇的同義詞。

文／單小懿

史上五大賣座音樂劇

俗話說：「演戲的是瘋子，看戲的是傻子。」百老匯每年便
湧入 1,250 萬人看戲。一齣賣座的音樂劇，比會生金蛋的母
雞更會下金蛋！

Author: UpstateNYer © Wikimedia Commons

Author: Effie © Wikimedia Commons

38 歌劇魅影
震懾人心的聲光饗宴

史上最成功的音樂劇，當屬《歌劇魅影》（*Phantom of the Opera*）。這齣於 1986 年 10 月 9 日首演的音樂劇，是 20 世紀景觀音樂劇（Spectacle Musical）之鼻祖，同時也是史上最賣座（全球票房破 56 億美金、共 1.4 億人次以上）、百老匯演出最久的音樂劇，於 1988 年獲得 7 項東尼獎。全劇以懸疑陰森的風格，大大增加舞台表演的可看性，最大賣點在歌劇院水晶燈從舞台砸到觀眾席的震撼，以及一首首動人的音樂。舞台場景從劇院屋頂到地下河道的設計，每一幕都令人目不暇給。

39 獅子王
驚喜更迭的戲劇魔力

《獅子王》（*The Lion King*）改編自迪士尼戲劇製作公司（Disney Theatrical Productions）於 1994 年上映的同名動畫片，是 1998 年東尼獎 6 項大獎贏家（含年度最佳音樂劇），也是百老匯史上演出壽命排名第七的戲碼。為了呈現出非洲大草原的臨場感，除了舞台設計之外，在聲光效果上更運用上百種非洲傳統打擊樂，從小鈴鐺到大鼓，渲染出非洲大地的壯闊氣勢，再加上演員的各式動物造型，總能讓人忘卻身處戲院之中。

40 貓
反映人生百態的盛會

《貓》（*Cats*）是百老匯第二長壽的音樂劇，史上最成功的音樂劇之一，於 1983 年東尼獎囊括年度最佳音樂劇在內的 7 項大獎，自 1981 年首演以來，已被翻譯成 20 多種文字在世界各地演出。貓劇故事取材於詩人艾略特（T. S. Eliot）的詩集《老負鼠的貓經》（*Old Possum's Book of Practical Cats*），最大特色就是每隻貓都有獨一無二的性格及遭遇，動聽的主題曲〈回憶〉（*Memory*）令人朗朗上口。

41 悲慘世界
湧動著革命激情

改編自維克多・雨果（Victor-Marie Hugo）同名小説的《悲慘世界》（*Les Misérables*），描繪出 19 世紀初 20 年間法國人的生活，穿插當時法國革命動亂的背景。百老匯版本從 1987 年 3 月首演到 2003 年 5 月結束，曾被提名 12 項東尼獎，並贏得最佳音樂劇和最佳原創曲譜等 8 個獎項，在 2012 年從音樂劇被改編成電影上映。《悲慘世界》蕩氣迴腸的主題曲〈請聽人們在歌唱〉（*Do you hear the people sing*），不論樂曲及文辭皆感人至深。

《媽媽咪呀》
於中國巡演

42 媽媽咪呀
熱情不滅的愛與歡笑

《媽媽咪呀》（*Mamma Mia*）音樂劇的名稱來自瑞典阿巴合唱團
（ABBA）1975 年年度排行榜冠軍的同名單曲。故事發生在浪漫的
希臘小島，描述一位準新娘在婚前尋找生父的溫馨故事，劇中囊括
多首阿巴合唱團成名曲如：〈超級團員〉（*Super Trouper*）、〈舞
后〉（*Dancing Queen*）、〈感謝你給我音樂〉（*Thank You for the
Music*）、〈贏者全拿〉（*The Winner Takes It All*）以及〈呼救〉
（*SOS*）等。2005 年 5 月 15 日《媽媽咪呀》以百老匯初演 1 千 5
百場的紀錄超越其他音樂劇，2008 年夏天拍成電影上映。

文 / 單小懿、林美齡

劇院買票，比網路購票便宜

到百老匯看戲，買票有四種管道：
一、到演出的劇院買。
二、於網路購票。
三、等候演出劇院的臨時退票。
四、由劇院發展基金（Theater Development Fund）經營的售票亭，名
　　為杜非廣場（TKTS），票價由 75 折到 5 折不等。

網路購票的票價因要附加其他費用，會比直接跟戲院買高出 2 到 3
成。所以最好出發前就決定好要看的戲，很熱門的事先到戲院網站買
好，其餘到了當地再到百老匯戲院一次購足。如果非看不可又買不到
票，可以到戲院排隊碰運氣等退票，或當天下午 3 點以後時代廣場北
端的 TKTS 售票亭看是否有剩票。

一大舞蹈新浪潮

現代舞，緣起於美國，在 60、70 年代盛行於紐約。它打破了芭蕾舞的「唯美」訴求，解放了舞者受到禁錮的雙足，用肢體道盡人們心中的喜、怒、哀、樂。

43 現代舞
舞在最靠近心靈的位置

美國舞蹈家伊莎朵拉‧鄧肯（Isadora Duncan），在紐約開始她的舞蹈生涯，她是現代舞的創始人，更是全世界第一位赤腳跳上舞台的舞者。她曾說：「舞蹈應該是隨意的活動表現，能夠表達出人類最深奧的思想與感情。」脫掉閃亮的芭蕾舞衣與舞鞋，丟掉刻板的舞蹈技巧，她從繪畫、詩歌、音樂、雕塑、建築等藝術中吸取營養，在舞台上跳出現代舞的原型。

後來更廣為人知的現代舞先驅，則是瑪莎‧葛蘭姆（Martha Graham）。葛蘭姆在現代舞歷史的地位，猶如畢卡索之於美術！她在 1925 年來到紐約，1926 年成立美國第一個現代舞舞團。她將身體的重心，從「雲端」抓回地面，以縮腹和伸展為基礎，在這收放之間，施展出極有張力又柔韌的肢體語彙。

爾後的荷西‧李蒙（Jose Limon）也是一位現代舞大師，他巧妙轉換身體的重心，當身體某處碰到地面，隨即像皮球般迅速「彈」回來，而且更強調動作的圓滑順暢，把現代舞玩得更豐富有趣，被譽為美國現代舞最出類拔萃的男舞者。

雲門舞集的創辦人林懷民，早年曾拜葛蘭姆為師，並將影響現代舞甚鉅的「瑪莎‧葛蘭姆技巧」帶進台灣。從膾炙人口的「薪傳」「九歌」、「流浪者之歌」、「水月」、「行草」……，到 2013 年的舞作「稻禾」，雲門將現代舞帶到台東池上的田、土、風、雲裡，舞者在稻田裡起舞，用身體呼應出台灣的美麗。

畫面回到舞台。微弱的燈光亮起，身著柔軟衣裙的舞者，赤裸著雙足，一腳跨上了舞台！音樂響起，舞者翩翩起舞，或靜或動，或快或慢，力量從肌理中蔓延，情感從指縫中流出……這一刻，觀眾屏息了，一下子進入了舞者的世界。

現代舞，或許，我們不一定懂得，但，我們一定會有某些觸動，在心靈的一隅。

文／夏凡玉

美國唯一原創藝術

美國影響人類最大的文化遺產，就是爵士樂。正如 90 年代知名薩克斯風手阿拉丁（Ahmad Aladeen）所說：「爵士樂不屬於任何種族或文化，而是美國帶給全世界的禮物。」

郭政彰攝

44 爵士樂
美國帶給全世界的禮物

美國總統歐巴馬（Barack Obama）幼年對父親最深刻的記憶，便是父子倆一起聆聽爵士現場演出，從此爵士樂成為他一生的嗜好；英國王儲愛德華八世（Edward VIII）曾客串過大樂團鼓手；導演伍迪‧艾倫不但愛用爵士樂配樂，還是位業餘單簧管爵士樂手，1986 年因樂團演出，而缺席領取奧斯卡最佳原著劇本獎。藝術家西班牙畢卡索、荷蘭蒙德里安（Piet Mondrian）和美國普洛克都留下以爵士樂為靈感的名作，目前蒐藏在紐約現代藝術博物館。

爵士樂被公認為美國唯一的原創藝術形式、美國的古典音樂，以及20 世紀最傑出的音樂。連「Jazz」這個字本身，都被美國方言學會（American Dialect Society）選為 20 世紀的代表字彙。

爵士樂誕生於 1880 到 1890 年之間的美國南方，當地黑人結合他們的藍調、靈歌和勞動歌，融合歐洲音樂和樂器，及非洲音樂的自發性節奏而成。1910 年代後期，已經開始聚富的紐約吸引南方樂手北上發展，加上廣播、唱片的推波助瀾，爵士俱樂部成為紐約上流社會的時髦消遣，爵士樂逐漸打進白人社會，紐約也躍居當時爵士樂的集散地。

爵士樂在 1950 年代達到顛峰，1960 年代以後，卻因搖滾樂（rock'n roll）興起而沒落。1963 年，當披頭四（The Beatles）跨出英國、席捲全球後，所有年輕聽眾更堅決地從爵士轉向搖滾。社會史學家霍布斯邦（Eric Hobsbawm）在《非凡小人物》（Uncommon People）一書中提及，美國在 1972 年的唱片與錄音帶銷量，搖滾樂占 75％，爵士樂僅有 1.3％。

雖然今日爵士樂在全球音樂市場上已非主流，但它的樂風影響許多主流音樂，並啟發後世：堅持表達自我的態度和精神，無論環境多困厄，音樂永遠自由。

文／單小懿

爵士樂三大迷人特質

紐約能成為全球「爵士之都」，除了聚集一流樂手，更因為此地誕生「咆勃爵士」（Bebop）這種重要的爵士曲風，它到底有何迷人之處？

© 達志影像

45 節奏失衡
令人搖擺的爵士樂

爵士樂最迷人的一大特質，就是失衡的節奏、意想不到的編曲，讓人腳趾頭蠢蠢欲動。

二次世界大戰以後百廢待舉，紐約的樂手們轉而控訴種族歧視、經濟失調等社會現象。在音樂表現上，咆勃爵士拆解標準曲目，並納入大量新旋律與和弦，節奏與旋律，讓人聽了會想打拍子或跟著跳舞。這種節奏失衡的曲調稱為「搖擺」（swing），它會讓人產生「搖擺」衝動，因為樂手把樂曲的重音放在意想不到的地方，讓節奏不再是固定時間的拍點，飄忽不定、失去穩定感，進而產生各種可能。

46 即興演出
爵士樂充滿生命力

一如爵士樂著名音樂家蓋西文（George Gershwin）所說：「人生如爵士，即興時最美好。」爵士樂獨特的即興與來自生命力的音樂性，為聽者製造驚喜與刺激。

從古典音樂到美國國歌，任何旋律都可以成為爵士樂演奏的腳本，但旋律與和弦只是輪廓和起點，爵士樂手以此為基礎，加上自己的靈感、演奏技巧，用更改既存歌曲的旋律與和聲來凸顯自己，所以同樣旋律可以產生無限多演奏版本。即興演出中的極致是「即興連演」（Jam Session），地點不一定在舞台上，而在俱樂部或特別空出來的空間，作用在於讓樂手互相娛樂和學習。沒有固定曲目，共享的只有部分曲調和速度，然後樂手輪流獨奏。許多樂手就是在這種氣氛下，自由發展演奏技巧而成為大師。

©達志影像

47 You play what you are
凸顯爵士樂手個人風格

由於爵士樂必須仰賴大量的即興演奏，所以樂手的個人特質非常重要，說穿了就是一聽便知這是誰的演奏。樂手得靠慣用的音色、速度快慢等技巧來樹立自我風格，沒有個人辨識度的爵士樂手便是失敗的樂手，而有個人風格的爵士樂手，即便是坐在後方的鼓手，都可享有盛名。

在紐約擔任爵士樂手 12 年的林煒盛說：「爵士樂的核心精神便是：你演奏你自己（You play what you are），但是在演奏自己之前，更重要的是你得知道自己到底是誰（before playing what you are, you have to know what you really are）！」因為這些特質，爵士樂打破歐洲古典音樂規範的綑綁，不拘形式地將「表現自我」推升到藝術殿堂。演奏者不再隱身樂譜背後，當音樂響起，演奏者將感覺、想法、主張即興演奏，執行者瞬間變身為創作者。

文 / 單小懿

四大爵士巨人

1920 到 1960 年代，是爵士樂最活力奔放的 40 年，4 位爵士樂奇才好聽又有代表性的經典作品，描繪出整個爵士樂的輪廓。

48 路易斯・阿姆斯壯
最偉大的爵士樂小號手

被譽為「爵士樂之父」的路易斯・阿姆斯壯（Louis Armstrong），身兼小號手、歌手，厚實滄桑的嗓音溫暖無數人心，膾炙人口的〈世界真美好〉（*What a Wonderful World*）一曲最是經典。

路易斯・阿姆斯壯的爵士音樂在美國南方紐奧良（New Orleans）扎根，貧民窟出身的他，兒時白天送煤攢錢，晚上參加樂隊演出吹小號，漸漸在路易西安那州闖出名號，1920 年代時即在芝加哥、紐約各地發光發熱，加入眾多大樂隊（Big Band）演出。

成名後他組織樂隊「阿姆斯壯五人熱奏」（Louis Armstrong and his Hot Fives），將傳統紐奧良爵士發揚光大。阿姆斯壯曾居住的皇后區科羅納（Corona）住家，如今已改建成路易斯・阿姆斯壯博物館（Louis Armstrong House Museum），他深植人心的笑容與音樂才華永垂不朽。

人物小檔案

路易斯・阿姆斯壯
（Louis Armstrong, 1901 - 1971）
身分：爵士樂小號手、歌手
作品：〈世界真美好〉、《夢的吻》（*A Kiss To Build A Dream On*）、《爵士親善大使》（*Ambassador Satch*）
名言：「如果你要問『何謂爵士』？我想你永遠得不到答案。」

49 艾靈頓公爵
縱橫爵士樂壇數十年

艾靈頓公爵（Duke Ellington）一生創作上千首曲子、縱橫樂壇 50 餘年，譜寫的音樂跨足爵士、藍調、古典音樂等，是 20 世紀美國音樂史上最重要人物。

艾靈頓公爵原名為愛德華・甘乃迪・艾靈頓（Edward Kennedy Ellington），1920 年代開始活躍於紐約，1927 年在極負盛名的「棉花俱樂部」（Cotton Club）表演，開展聞名國際的音樂生涯。艾靈頓公爵是鋼琴手，也是大樂隊首席領班，他稱自己為「樂手」，樂團是他的「樂器」，旗下知名樂手都能在樂隊中發揮獨奏技巧，薩克斯風手強尼・賀吉斯（Johnny Hodges）是他最器重的愛將。

艾靈頓公爵稱自己的音樂為「美國音樂」（American Music）而非爵士，與作曲家比利・史崔洪（Billy Strayhorn）合作，譜寫以紐約地下鐵為靈感的〈搭乘 A 線列車〉（*Take the 'A' Train*），是他指揮的招牌曲目，樂手職業生涯表演超過 2 萬場。紐約市長於 2009 年頒布該年 4 月 29 日為「艾靈頓日」（Duke Ellington Day）。

人物小檔案

Author: Louis Panassié © Wikimedia Commons

艾靈頓公爵
（Duke Ellington, 1899 - 1974）

身分：爵士樂首席領班、鋼琴手、作曲家

作品：《艾靈頓組曲》（*The Ellington Suites*）、《追悼比利・史崔洪》（*And His Mother Called Him Bill*）、《藍調狂喜曲》（*Blues in Orbit*）

名言：「我的態度是永遠不滿足。永遠不夠、永遠不會滿足。」

50 查理・帕克
掀起咆勃爵士樂狂潮

查理・帕克（Charlie Parker），人稱大鳥（Yardbird），沒學過音樂也不識譜，卻能「憑感覺」即興吹出閃電般連串音符，久久不停，獨奏技巧震懾紐約爵士樂界，是音樂史上最負盛名的爵士中音薩克斯風手。

查理・帕克 1939 年來到爵士重鎮紐約，一邊做洗碗工，一邊加入樂隊演出。與小號手迪吉・葛拉斯彼（Dizzy Gillespie）、鼓手肯尼・克拉克（Kenny Clarke）等一票年輕音樂家在哈林區的爵士俱樂部演奏。

他所組織的五重奏掀起咆勃爵士樂狂潮。〈卻洛奇族〉（Cherokee）是他最有名的曲子。他的一生傳奇、顛簸，但狂嘯、獨到的樂音渲染力無遠弗屆，影響垮世代（Beat Generation）巨作《在路上》（On the Road）的寫作筆調；電影《菜鳥帕克》（Bird）則描述他瘋狂但璀璨的一生。

人物小檔案

查理・帕克
（Charlie Parker, 1920 - 1955）

身分：薩克斯風手、作曲家。

作品：《菜鳥也暈眩》（Bird And Diz）、《與弦樂共舞》（Charlie Parker With Strings）、《同名專輯》（Charlie Parker）。

名言：「音樂等同你個人的生活經驗、你的思想、你的聰慧，如果你不與之共生，它就不會從你的號角發出聲響。」

51 邁爾士・戴維斯
酷派爵士樂黑暗之王

爵士樂革命家邁爾士・戴維斯（Miles Davis），引領 50 年代後爵士風格，演奏小號是他的拿手絕活，有「黑暗之王」（Prince of Darkness）之稱。

邁爾士・戴維斯是 20 世紀最具影響力的爵士演奏家之一，曾就讀紐約茱莉亞音樂學院，肄業前即在哈林區的俱樂部主持即興演奏夜，醞釀著改變爵士風貌的咆勃爵士樂，1940 年代，他登上當時紐約爵重鎮 52 街多處知名俱樂部演出，成為第二次世界大戰後爵士運動中的要角。

咆勃爵士樂興盛之時，邁爾士・戴維斯創造出全新的酷派爵士樂（cool Jazz），將分明的節拍順化成圓潤的旋律；之後他在全美銷售超過 4 百萬張的專輯《泛泛藍調》（Kind of Blue），再開展現代爵士（Modern Jazz）的新篇章；爵士一度沒落時，他又創出搖滾融合爵士樂（Jazz-Rock-Fusion），讓爵士樂重生。求新求變的邁爾士・戴維斯，生命歷程就是一部豐富的爵士樂史。

文 / 李思嫻

人物小檔案

邁爾士・戴維斯
（Miles Davis, 1926 - 1991）
身分：爵士樂小號手、作曲家、指揮家
作品：《泛泛藍調》、《里程碑》
　　　（Milestones）、《午夜時分》（Round About Midnight）
名言：「別彈那些既成的樂音，玩些還不存在的音樂！」

一大音樂舞蹈革命

20 世紀的流行音樂史共出現兩次革命：上半葉的搖滾樂，和下半葉的嘻哈（Hip-hop）。嘻哈用音樂與舞蹈，掀起一場「混混變富豪」、「貧民窟文化變主流」的革命，可以說是最具戲劇張力的美國夢代表。

52 嘻哈
讓貧民窟混混變富豪

「嘻哈」，乍看簡單輕鬆的語彙，其實擁有相當複雜的概念；是音樂，是舞蹈，是穿著方式，是文化態度，也是社會運動。Hip 是臀部，hop 是跳躍，合起來意指「讓臀部扭動的音樂」。扭臀音樂「嘻哈」誕生於 1973 年紐約市皇后區，此地主要聚集來自非裔和拉丁美洲裔移民。因為貧窮，這些移民住在廉價國宅裡，失業和輟學者混幫派、遊手好閒，經常聚集在街頭放音樂、跳舞，一方面發洩對環境的不滿，也會用舞蹈和音樂挑釁，「尬舞」（Battle）就是這麼來的。所以嘻哈，也被視為 70 年代「城市地下運動」的代表。

嘻哈必備四元素：一、播放音樂的 DJ（Disc Jockey），在現場「刷碟」，將 CD 磨擦出聲；二、負責聚集人潮起鬨的 MC（主持人，Master of Ceremonies），將一大串字快速精準念唱出來；三、跳舞的 b-boy 或 b-girl（霹靂舞者，breakdance boy / girl）；四、塗鴉。後來，嘻哈音樂又加進第五元素——口技者（beatbox），用人聲模仿樂器，加強音樂節奏。

1984 年以後，嘻哈音樂流行開來，跨出貧民區，融入搖滾、電音等音樂元素，逐漸主導流行音樂市場，連樂手穿著也影響了時尚圈；香奈兒在 1990 年的時裝秀裡，模特兒穿著黑色皮衣搭配大片金色項鍊，靈感便來自嘻哈服裝的 bling bling 元素。

嘻哈音樂在 11 年內主導了流行音樂，20 年內成為全球娛樂、消費、時尚現象，30 年內成為一個娛樂產業，誕生多位身價以億美元計的大富豪，譬如吹牛老爹（Sean "Daddy" Combs），事業淨值高達 5.5 億美元，再譬如碧昂絲（Beyoncé）老公傑斯（Jay-Z），事業的身價也高達 4.6 億美元；還有鳥人（Bryan "Birdman" Williams）事業版圖跨入唱片、石油鑽探公司。誰會想到當年爹娘不疼、學校不愛、流浪街頭的中輟生、吸毒者、槍擊犯，現在會成為坐擁千萬美元的超級富豪？嘻哈，絕對是白手起家的最佳寫照。

文 / 單小懿

時尚 Fashion

紐約時尚多了點生活感，設計師不為伸展台效果設計衣服，而是為了街頭男女設計穿搭。

三大時尚態度

紐約時尚實用至上，即便是 T 恤也能穿出時尚感。基本上，紐約設計師不為伸展台效果而設計，他們是為了走在大都會街頭的男男女女而設計。而且，只要你做出漂亮的衣服，就會得到應有的舞台和掌聲，紐約時尚圈，並不會看輕你不是美國人。

53 簡約實穿
紐約時尚極具生活感

紐約時尚展現出摩登、簡約、都會、休閒的風格，是一種一件衣服能出現在各種場合的堅持。比起奢華感，紐約時尚更關注的是生活形態。

紐約是全球第一個舉辦時裝週的城市，1943 年第二次世界大戰在歐洲開打時，切斷了新聞工作者、買家和巴黎的連結，紐約乘勢而起，開辦了時裝週（當時稱為媒體週）。時至今日，紐約時裝週已成為全球四大時裝週之一（另三大時裝週為：巴黎、倫敦和米蘭時裝週）。

實用，絕對是紐約時尚最鮮明的態度。對紐約人來說，伸展台上華麗、搞怪卻不一定實穿的服飾，沒有太高價值；這意味著，對紐約時裝設計師來說，當夠多的人把他們的服飾穿出門時，時尚就此成立，只要得到紐約的認同，就等於拿到世界舞台的門票。

這是紐約時尚圈和巴黎、倫敦、米蘭等時尚重鎮最大的不同，也是其影響力的源頭。紐約時尚圈要表達的是，只要搭配得宜、穿出自信，不花稍的設計也能成為一種時尚風格，就算是一件再簡單不過的 T 恤和牛仔褲也一樣。這種精神影響你我、影響了全世界，每個人的衣櫥裡總有為數不少、源自美國的棉質 T 恤和牛仔褲，高級訂製服品牌甚至也推出了專屬的 T 恤。似乎，誰都沒辦法擺脫這種實用和簡約的魅力。

54 市場導向
名人代言，行銷全球

巴黎很會製作漂亮的衣服，但他們往往不太擅長銷售；在倫敦你會看到點子很瘋狂、不怎麼實穿的衣服，但在紐約是看不太到的。

紐約時尚其實很市場導向。紐約就像是個貿易中心，設計師或行銷人員懂得如何將產品變成一門生意。雖然紐約本身並不製造商品，但所有買家都會前來，銷售和交易都在這熱絡進行。把 polo 衫發揚光大的美國時裝設計師雷夫・羅倫就曾說：「我是為了上門的顧客設計衣服，將他們的需求填滿。」

紐約時尚界甚至把市場分得很細，比方說，紐約時尚品牌通常會有多個副牌。像是從紐約發跡以簡約著稱的 CK 就有男女裝、牛仔、內衣、家居等不同品牌；雷夫・羅倫擁有黑標、紫標、polo 等十多個正、副品牌。把市場一一區隔，在當中找到創意和經濟可以結合的地方，這就是美式時尚價值觀。

不光是產品設計，紐約時尚圈的行銷手法也是將時裝推向市場的重要利器，特別是名流的加入。像是 1970 年代，CK 牛仔品牌，與女星布魯克・雪德絲（Brooke Shields）的合作，抓住大眾目光，讓牛仔褲生意扶搖直上；以饒舌樂發跡的歌手吹牛老爹甚至自創 Sean John 服飾品牌，專走嘻哈風格，還跟愛迪達（Adidas）、雅詩蘭黛（Estée Lauder）等合作推出各式商品，影響力擴及全球。

55 有才華就有舞台
紐約時尚圈新人輩出

若有新人想要到時裝界闖蕩，紐約絕對會是他們的首選，因為紐約人有著一顆開放的心。比起其他國際時尚城市，這裡機會最多，新人也輩出。我們熟悉的眾多年輕華裔設計師就多半都從紐約發跡，像是獲得美國第一夫人蜜雪兒・歐巴馬（Michelle Obama）青睞的吳季剛（Jason Wu）；24 歲就拿下美國時裝設計師協會（CFDA）最佳新人獎的王大仁（Alexander Wang）等。

紐約華裔設計師譚燕玉（Vivienne Tam）說：「這也是為什麼我以一個華裔時裝設計師選擇紐約落腳的原因。在香港長大、念書的我，總是被禁止做這個、做那個。當大家都只看西方的時尚品牌，而我想用中國元素來融入時裝設計時，所有人都狠狠地告訴我，絕對沒有人會買這種中國風時尚的！」當譚燕玉來到紐約後，想法被鼓勵，終於可以忠於自我、做自己愛做的設計。

年輕一輩的設計師背後甚至有贊助商，只要你夠有才華，不用擔心銀子問題，也能在紐約闖出一片天地。美國實境電視節目《時裝伸展台》（*Project Runway*）就是一個例子。這個讓服裝設計師參加的電視節目，年輕的設計師或許剛從學校畢業、或許還是學生，在節目中接受各種服裝設計的挑戰，最後贏得冠軍的人能得到創業機會和獎金。想想看，全球有多少人透過該節目看見他們！更厲害的是，這就是一個不怎麼花錢的商業運作，電視台不需要付錢給參賽者，背後又有贊助商，最後只要支付主持、來賓費，還能發掘新銳設計師，外加把節目賣到世界各地賺版權費。你不得不佩服紐約人把點子變鈔票的能力。

當然，這也是個時時充滿競爭挑戰的城市。步調快、資訊多，唯有不斷推陳出新，才能讓市場不會感到疲乏。就像時裝伸展台主持人總是說：「今日你進到時尚圈，明日你可能就出局了。（As you know in fashion, one day you're in, and the next day you're out.）」

文 / 徐銘志

五大極簡風潮

沒有 CK，內衣進不了時尚殿堂！沒有 LV，精品包不會翻身潮包！20 世紀下半葉至今，全球時尚界非常重要的一股潮流「Less is more」（少即是多），正是由美國的當代大師領頭推動。他們不只設計外衣，連過去上不了檯面的內衣，都能帶動全球風潮，形塑了現今仍高燒不退的簡約時尚。

56 一布到底
豪斯頓的低調奢華

美國永遠的第一夫人賈桂琳（Jacqueline）1961 年出席夫婿甘迺迪（John Kennedy）總統就職典禮時，頭上那頂優雅的「藥盒帽」（pill box），就是羅伊·豪斯頓·佛羅威克（Roy Halston Frowick）的傑作。豪斯頓因此成為第一夫人御用製帽師，讓許多名媛貴婦爭相指名他造型。

這位出身芝加哥的設計師，與香奈兒一樣，都是製帽起家。俊俏的豪斯頓也是個夜店王子，與他的明星好友，如女星麗莎·明妮莉（Liza Minnelli）、碧安卡·傑格（Bianca Jagger）、伊莉莎白·泰勒（Elizabeth Taylor）等人，夜夜流連在紐約知名迪斯可舞廳「Studio 54」。於是，當好友們穿著豪斯頓的設計跑趴，夜店就成了他的最佳伸展台。例如他「一布到底」流線型設計，讓女人能跑、能走、熱舞到天明，而且，還很性感，就成為經典之作。

豪斯頓討厭印花，用簡單素色來展現大方；盡可能減少內襯、接縫與拉鍊，連知名設計師，古馳（Gucci）前設計總監湯姆·福特（Tom Ford）與 DKNY 創始人唐娜·凱倫（Donna Karan）皆不諱言深受豪斯頓的影響。「豪斯頓是優雅和純淨的化身。」唐娜·凱倫道。這位總是身穿黑色套頭毛衣，一手香檳、一手菸，玩世不恭的型男設計師，用低調奢華為美國在世界時尚版圖插旗。

美國永遠的第一夫人賈桂琳

Info.

羅伊・豪斯頓・佛羅威克
（Roy Halston Frowick, 1932 - 1990）

地位：第一夫人賈桂琳御用製帽師
設計理念：用簡單素色展現大方
經典作：「一布到底」流線型設計

57 舒適實穿
陽光自由的美式 polo 衫

一個來自紐約中低階層居住的布朗士小子雷夫・羅蘭,在紐約開領帶店起家,卻讓美式休閒服席捲全球。很難説他是像香奈兒或聖羅蘭(YSL, Yves Saint Laurent)之類突破種種服裝革命概念的設計大師,但不能否認的,今天你或許沒穿過聖羅蘭的服裝,卻一定會有一件 polo 衫。

Polo 衫的原型是馬球裝,但 polo 這個名字卻是來自雷夫・羅蘭。當初從他設計的領帶品牌 polo 延展出的休閒衫設計,短袖、立領、24 種色彩任你選擇,充滿了陽光與自由感,讓他在 1970 年就得到時尚創意界重要的美國時尚評論者柯蒂(Coty)大獎。

最有趣的是,當初 polo 衫原來是為了女性設計,他把男士襯衫的剪裁運用在女衫上,選擇更舒服柔軟的棉質布料,引起了熱烈回響,男士們也喜歡,才誕生了今日男女通吃的 polo 衫。不須嚴肅也能成功,他的故事,其實就是紐約夢的代表。

> Info.
> **雷夫・羅蘭**(Ralph Lauren, 1939 -)
> 地位:讓美式休閒服席捲全球的品牌大師
> 設計理念:舒適自然,實穿易搭
> 經典作:polo 休閒衫

58 CK 改寫性感 把內衣變時尚

男孩們不會忘記凱文·克萊，因為當他們將小 YG 換成縫著這個名字的褲頭時，他們知道，自己的人生進階了。

在 CK 之前，很少有大牌設計師把觸角伸進內衣市場，但當 CK 在 80 年代用純棉的材質，中性的黑、白、灰，將強調運動感的元素擺進內衣褲設計，並用健美如希臘雕像的男模、運動員做廣告時，巨大的看板頓時癱瘓了時代廣場的交通，從此，大家看見了「性感」驚人的行銷力量。連女人都寧願放棄「集中、托高」的效果，選擇他零襯墊、無鋼圈的運動內衣，認為解放軀體比蕾絲更性感。

這位紐約土生土長、幾乎與美國時尚史共生的祖師級大師，個人企業王國，領域包山包海，媲美有財團撐腰的歐美老牌。不管外頭風怎麼吹，他始終秉持「Everything begins with the cut」的原則，不要多餘的綴飾，堅持簡單就是最棒的時尚風格。

Info.
凱文·克萊（Calvin Klein, 1942 - ）
地位：美式極簡主義大師
設計理念：堅持簡單就是最棒的
經典作：時尚運動風內衣褲

59 簡約七件式
唐娜‧凱倫的 OL 穿搭主張

在以男性設計師掛帥的時尚圈，紐約時尚女王、DKNY 創始人唐娜‧凱倫以身為女性的觀點問：「女人需要什麼？」據此成為美國最重要的女性設計師。設計發想都來自紐約的瞬息萬變，讓她特重衣服的「百搭」、「萬用」性。

80 年代以降，女人不再只是相夫教子，而必須周旋在事業、家庭之間，她所提倡的「簡潔七件式」： 一件緊身連身衣、一件雪紡上衣、一件長版外套、一件西裝外套、一件內搭褲、一件包裙、一套洋裝，就能滿足一個職業婦女現代衣櫥的基本需要。

她也發明穿脫配搭之間的「系統套裝穿衣法」，完全應付從白天到夜晚的活動，在當時是一種革命性的概念。尤其是其宛如韻律服，由喀什米爾羊毛、針織、棉布等面料製成的招牌緊身衣，靈感來自知名現代舞蹈家瑪莎‧葛蘭姆的舞衣，成為一切變化的基底，創造出城市中既樸實又高貴的時裝。

Info.
唐娜‧凱倫（Donna Karan, 1948 - ）
地位：紐約時尚女王
設計理念：特重女性衣服的百搭、萬用性
經典作：OL「簡潔七件式」、「系統套裝穿衣法」

Author: CHRISTOPHER MACSURAK from Chicago, USA © Wikimedia Commons

60 從零開始
雅可布的極簡哲學

150 年來從未生產過服裝的 LV，在 1997 年也推出了服裝線，並找來美國的年輕設計師，為這個精品皮箱名牌，提出「從零開始」的極簡主義哲學，他就是有「壞孩子」稱號的馬可・雅可布。

愛穿裙、畫濃妝、裸露身體，甚至帶海綿寶寶提包謝幕，這個在紐約下城區街頭混大的設計師，用美國的生命力為歐洲老牌注入活水，大膽將奢華精品與當代藝術、塗鴉文化、動漫搭起線，創造出賣翻了的「塗鴉包」、「櫻花包」、「櫻桃包」、「白彩包」等系列。他大膽力邀已故塗鴉家史蒂芬・史普勞斯（Stephen Sprouse）、藝術家村上隆、草間彌生等藝術家把 LV 包當畫布，將逾百年的商標玩出新潮，吸引年輕族群。

於紐約帕森設計學院畢業的雅可布，求學時曾多次獲獎，1986 年即推出以個人名字命名的「Marc Jacobs」系列服裝。

他曾說：「別管教科書上說的什麼好品味或爛品味，也別管別人口中的必買，穿出你自己的個人品味才最重要，讓別人來羨慕你才是真正的風格。」2010 年他當選美國《時代》（*TIME*）雜誌百大全球最具影響力人物，排名第 18，是唯一入圍的時裝設計師。

文/李幸于

Info:
馬可・雅可布（Marc Jacobs, 1964 - ）
地位：美國當代時尚指標人物
設計理念：「從零開始」的極簡主義
經典作：「塗鴉包」、「櫻花包」、「櫻桃包」、
　　　　「白彩包」

美食 Gourmet

頂級料理饕客，請到紐約放膽吃，來自
各國的頂級食材，都在這裡。

美食三大特色

紐約就是餐廳的聯合國，廚師運用和全球零時差的各地食材，大玩跨國界口味、菜餚的融合。想要在最短時間、用最經濟價錢吃遍全世界，去紐約！

61 美食聯合國
異國餐廳大熔爐

作家張北海在《美國郵簡》一書中曾說，「只有在紐約，你一天三餐，外加消夜，一頓換一個不同國家、地區、文化、民族風味吃下去，我差不多可以保證，一年三百六十五天，你絕對可以不重複相同的口味。」

紐約有美食聯合國的美名，能讓你吃到來自全世界各地的料理，因為這裡是世界移民的大熔爐，你能喊出來的菜色，紐約都找得到。非洲衣索比亞、加勒比海上的多明尼加料理，夠特別了吧，這些罕見的異國料理餐廳不是少數的兩三家，甚至都還為數不少。

專注於餐飲評鑑的《查格》（Zagat），在美國、全球大城市都發行美食指南，但在紐約版的餐飲指南中，餐飲料理的類別傲視群雄，數量上第一。

吃遍米其林餐廳的饕客陳木元說，有趣的是，有些跟著移民而來的飲食，都在短時間之內，在紐約落地生根，進而成為當今紐約飲食的代表。貝果（Bagal）就是個例子。有 300 年歷史、起源於歐洲的這項猶太食物，在 20 世紀初跟著猶太移民到了紐約，隨後就大放異彩，從單純的貝果，發展到貝果三明治、塗餡料等多樣吃法，連速食餐廳麥當勞都賣起貝果。現在，貝果和紐約畫上等號，沒有人會由此聯想到歐洲。

62 無國界料理
從紐約紅到全球的創意

跨國界口味、菜餚的融合,紐約是全世界玩得最兇的地方。舉例來說,由影星勞勃狄尼諾(Robert De Niro)投資、發跡於紐約的餐廳「松久信幸」(Nobu),雖然是日式料理,但做法和味道上已跟日本味截然不同,像是生魚片料理,蘸的不是醬油和山葵,而是創新的阿根廷辣椒和柚子醋。

談到創新,不少創意料理是從紐約紅到全球的。世界上最貴的漢堡:松阪牛肉、鵝肝、黑松露漢堡就是從紐約發跡,如今在許多五星級飯店都可以找到。位於曼哈頓、最貴漢堡的創始餐廳「奇緣3」(Serendipity 3)今日仍不斷推陳出新,2012 年以 295 美元(約合新台幣 8,700 元),刷新全球最貴漢堡的金氏世界紀錄,這次漢堡上頭還多了魚子醬。

饕家陳木元說:「我印象很深的是目前紐約當紅的『布魯克林主廚餐桌』(Chef's Table at Brooklyn Fare)。這裡被《紐約時報》(*The New York Times*)票選為全紐約最好的餐廳,也在《米其林紐約指南》(*The Michelin Guide New York City*)摘下三顆星(紐約布魯克林區唯一的米其林三星餐廳),是當前相當受到名流喜愛的餐廳。餐廳從眼睛看的、嘴巴吃的點子都很具創意。」

「布魯克林主廚餐桌」設在超市裡，打破一般餐廳多張桌子的規則，只有 1 張口字型的大型不鏽鋼桌，客人坐在桌子的 3 邊，僅僅 18 個位置。為了要上門的食客專心吃飯，不准拍照，連做筆記也不行。

這裡沒有菜單，但平均每餐你可以吃到約 20 道以上一口大小的菜色。廚師不斷創作，即便去很多次，也吃不到同樣的菜色。師傅用炸河豚尾巴搭配番紅花醬汁、深海魚皮搭配柳橙汁等，都是罕見的料理方式。

可以說，無國界料理（Fusion，又稱融合料理）在紐約和美國特別興盛，背後賴以為生的氧氣就是創新。

Info.
松久信幸（Nobu）
地址：105 Hudson St. New York, NY 10013
電話：+1-212-219-0500

奇緣 3（Serendipity 3）
地址：225 East 60th St. New York, NY 10022
電話：+1-212-838-3531

布魯克林主廚餐桌
（Chef's Table at Brooklyn Fare）
地址：200 Schermerhorn St. Brooklyn, NY 11201
電話：+1-718-243-0050

Author: cyclonebill from Copenhagen, Denmark © Wikimedia Commons

63 食材國際化
胃納全世界好料

紐約的食材什麼都有，相當國際化。如果從食材、烹飪和服務 3
項指標來評鑑全球餐廳的話，紐約的強項絕對是食材。

世界上很多地方講究生產，但在美國講究的是消費，所以好食材、
好東西都會運到紐約被消費。現在你要吃魚子醬，種類最多、價錢
最便宜的還是在紐約，甚至有魚子醬 1 罐是 5 公斤裝的。而像是
義大利挖出來的白松露，幾個小時後就出現在紐約了。

©達志影像

所以，在紐約你可以吃到來自全球的頂尖食材，這樣的情況在法國是遇不到的，法國人很堅持用法國的食材，尤其是家禽。

紐約還有一個特色是酒文化。美國人藏酒文化非常悠久，紐約好餐廳的藏酒數目比法國餐廳還要多很多，像是有一家餐廳「庫魯」（Cru），藏酒就至少有 20 多萬瓶，酒單基本上得拿 iPad 來看。

此外，陳木元說，吧台是美國餐廳相當重要的角落。即使是精緻飲食（Fine Dining）的餐廳，旁邊也都有一個酒吧，這在其他地方是罕見的。這些酒吧通常比餐廳早 1、2 個小時開門，餐前客人都會先在那邊喝雞尾酒、啤酒，先聊聊天，大概喝到 3、4 分微醺再去吃飯。這個酒吧提供的酒，意義等於我們的開胃菜。

「放膽去吃！」這是要在紐約美食圈打滾的最佳箴言。不用擔心眼前盤子上的菜色可能見都沒見過；也不用擔心荷包會失血。紐約的好餐廳不會比較昂貴，因為競爭激烈，品質太差和曲高和寡的餐廳是無法生存的。

來台灣客座的米其林餐廳廚師餐會要價動輒萬元，但在紐約，花個 150 至 200 元美金（約合新台幣 4,500 至 6,000 元），通常就能吃到國際知名或米其林廚師的菜餚及其精神。更何況，這裡還有一年冬夏兩次的紐約餐廳週（New York City Restaurant Week），參加的數百家餐廳，無論平常定價多高，前菜、主菜加甜點的套餐，中午一律為 24.07 美元（約合新台幣 700 元），晚上則為 30 美元（約合新台幣 900 元），裡頭還不乏摘下米其林星星的餐廳。

文 / 徐銘志

紐約餐廳週
（New York City Restaurant Week）
日期不固定，冬天約為 1 月中至 2 月上旬；夏天為 7 月中下旬。詳至 www.nycgo.com 查詢。

四大名廚餐廳

大廚都知道，搶下紐約這顆大蘋果，就是稱霸美食世界的象徵。在感官勝於一切的紐約，從空間到菜餚，都要有看秀般「wow」的驚喜。美國知名新聞網站《賀芬頓郵報》（*Huffington Post*）更用「天王主廚」（emperor-chef），形容在紐約風光插旗的各大名廚。

64 Daniel
正統奢華法國菜

美國財經雜誌《富比世》（*Forbes*）雜誌曾票選世界 11 種最奢華的餐點，第一名就出自紐約曼哈頓的米其林三星餐廳「丹尼爾」（Daniel），僅僅 55 克的獨門裏海金牌奧賽佳（Ossetra）魚子醬要價 860 美元（約合新台幣 25,800 元）。主廚丹尼爾·布盧（Daniel Boulud）來自法國里昂鄉間，卻在紐約發光發熱。

光是在紐約市，布盧就開了 8 間餐廳，除了走正統法菜路線的「丹尼爾」，還包括時尚「布盧酒吧」（Bar Boulud）、獲得米其林一星的「布盧咖啡廳」（Café Boulud），甚至是賣外帶輕食、甜點的「布盧雜貨店」（Épicerie Boulud）等。他會紅不是沒道理的，因為擁有靈活的生意頭腦，在金融海嘯的愁雲慘霧中，布盧麾下最平價餐廳「DBGB 廚房酒吧」（DBGB Kitchen & Bar）吃整套餐 32 美元（約合新台幣 960 元），等同「丹尼爾」的一道前菜。

而且食評家表示，相較於其他名廚餐廳的良莠不齊，布盧親力親為。他住在自家餐館「丹尼爾」樓上，旗下每一間餐廳從籌備到營運他都插手，不僅親自手繪 27 張草圖給建築師，規畫理想中的廚房，甚至從餐廳使用的鵝肝醬到廁所裡的衛生紙，他都親自挑選，仔細程度可見一斑。

長居紐約的專欄作家鄭麗園在《大口吃紐約大蘋果》一書提到，布盧針對每一間餐廳的屬性，塑造出不同的空間風格。「布盧咖啡廳」被戲稱為「窮人版的 Daniel」，裝潢充滿法式的雅致溫馨。

©達志影像

而「布盧酒吧」則找來頻拿「最佳餐館設計獎」的設計師斯勒塞（Thomas Schlesser）撤掉了亞麻白桌布，在深邃的穹頂下打上昏黃燈光，宛如置身古代酒窖。「DBGB 廚房酒吧」原址為餐具批發地，擺滿鍋碗瓢盆的木製層架切割開空間，古銅色的鍋具、深色的桌椅、水泥地，樸拙的工業風格，酷味十足。林肯音樂中心附近的「布盧之南」（Boulud Sud），主打法國蔚藍海岸及西班牙、義大利、希臘、北非及土耳其等地中海地區菜式，裝潢走清新、明亮的大眾餐館風格。布盧餐飲王國的成功，讓人見識到在紐約的廚子，不但要有膽子，更要有腦子。

Info.
丹尼爾（Daniel）
招牌菜：黑松露扇貝（Black Tie Scallops）、龍蝦派
　　　　（Lobster Pot Pie）
地址：60 East 65th Street New York, NY 10065
電話：+1-212-288-0033

深海扇貝佐焦糖白花椰與酸豆葡萄乾醬汁

65 Jean Georges
掀起精緻飲食風潮

談到影響老美這 20 來來精緻飲食的風潮，許多人會直指尚·喬治（Jean-Georges Vongerichten，簡稱 JGV）。這位來自法國亞爾薩斯（Alsace）的名廚，自從 1985 年進攻紐約後，迅速竄紅，店也跟接龍一樣一間間開。尚·喬治是好萊塢明星、政商名流舉辦晚宴時最愛的主廚；旗艦餐館「尚·喬治」（Jean Georges），一開張就獲《紐約時報》食評四顆星，成為名人必爭之處，沒提前一個月預訂吃不到。

喬治在許多法國三星餐廳待過，23 歲更被指派到泰國曼谷的文華東方酒店當主廚，他對亞洲的香料深深著迷，紐約客喜愛嘗鮮、不鳥傳統的風格與他一拍即合。「紐約客是全世界最難取悅的一群人，比巴黎、倫敦都還難。」但在這裡，他可以大玩融合的廚藝。

受亞洲菜影響，喬治是最愛玩調味香料的名廚，他曾說：「世上已沒啥新食物，但有新口味。」他曾為鑽研各種香料去修課，發現單北美就有 3 千多種食用香草，「這古老口味，對豐富 20 世紀人類美食的純度深度有極大貢獻。」正如知名食評家布魯尼（Frank Bruni）所說，他融合亞洲菜的風格，把法式料理變成更平易近人的優雅，一改傳統的濃油厚重。布魯尼表示，「我每次評論後都會接到一些讀者抱怨信，只有喬治從未被告狀過。」

從走清爽健康路線的「喬喬」（JoJo），到融合亞洲菜的「香料市集」（Spice Market），喬治每間餐廳都經營得有聲有色，而旗艦店「尚·喬治」更是自從 2006 年紐約參與米其林評鑑後就一路名列三星至今。

Info.

尚·喬治（Jean Georges）
招牌菜：香草雞黃魚子醬（Toasted Egg Yolk, Caviar and Herbs）、深海扇貝佐焦糖白花椰與酸豆葡萄乾醬汁（Diver Scallops, Caramelized Cauliflower, Caper-Raisin Emulsion）
地址：1 Central Park West New York, NY 10023
電話：+1-212-299-3900

66 Per Se
減法奢華一口吃

「我認為『法國洗衣坊』（The French Laundry）是全世界最好的餐廳。」以直率毒舌著稱的美國電視名廚安東尼・波登（Anthony Bourdain）這麼說。

從加州酒鄉納帕谷（Napa Valley）發跡的湯瑪斯・凱勒（Thomas Keller），以高級法式餐廳「法國洗衣坊」站穩西岸，2004 年來到紐約，大家都等著瞧，結果他所創造的「本質」（Per Se）餐廳，一開幕就獲得《紐約時報》權威食評四顆星的最高讚譽，接著更拿下了米其林三星的殊榮，並成為 2012 年英國票選世界前 50 大餐廳的第 6 名，凱勒本人更獲頒終身成就獎。

翻開「本質」菜單，就像是故事書，每個食材的成長故事一清二楚，凱勒對食材是出了名的挑剔，強調生產履歷，不但有自營有機農場，更精挑各地用心小農，食材零時差直送自家餐廳，因此農場都以名列「法國洗衣坊」及「本質」菜單為傲。

除此之外，凱勒最著名的就是變化多端的菜單。在以「本質」為背景的《美味關係—紐約四星餐廳女領班的私房密語》（*Service Included: Four-Star Secrets of an Eavesdropping Waiter*）書中提到，除了超人氣的「韃靼鮭魚甜筒」，與用珠母貝匙食用的魚子醬料理「牡蠣與珍珠」，其菜單中絕不會吃到重複的食材。比如當日在魚料理用了杏仁，那麼即使再好吃，甜點也不會出現杏仁奶雪酪。因此即使負責起司的師傅早已打算用酸棗和胡蘿蔔，只要海鮮師傅說他的龍蝦要用到胡蘿蔔，肉類師傅想以棗子搭配羊肉，那麼起司師傅也只好另想方案。

「本質」的裝潢並不華麗，凱勒找來王牌設計師蒂哈尼（Adam Tihany）打造的空間無比簡約，呼應他的烹飪哲學：報酬遞減法則（law of diminishing return），意指大份量反而減低滿足感，因此他所設計的菜色都是小小一口，讓人淺嘗則止、意猶未盡。這是凱勒的減法奢華，少即是多。

牡蠣與珍珠

Info.

本質（Per Se）

招牌菜：韃靼鮭魚甜筒（Salmon Tartare Cornets）、
　　　　牡蠣與珍珠（Oysters and Pearls）

地址：10 Columbus Circle #4 New York, NY 10019

電話：+1-212-823-9335

邱雯敏攝

67 Masa
純壽司藝術

全紐約最貴的餐廳，不是法式料理，而是日本料理餐廳。日本名廚高山雅氏（Masayoshi Takayama）的「雅」（Masa），不但是紐約米其林三星名單中唯一上榜的日式餐廳，而且一餐要價 520 美元（約合新台幣 15,000 元）的天價，連看慣大風大浪的紐約人也不禁咋舌。

紐約人對日本菜情有獨鍾，除了符合近年來健康、清淡的飲食風潮，更象徵一種時髦。高山雅氏跟其他兩位超人氣日籍名廚松久信幸（Nobuyuki Matsuhisa）、森本正治（Masaharu Morimoto）不同，「雅」不走華麗的融合路線，餐廳設計最顯眼的是一張檜木吧台，也不像法式餐廳以取悅客人為要務，甚至定了一堆規矩幾乎是挑戰紐約人的極限。

Author: East West - Sushi, Grill, Lounge © Wikimedia Commons

第一，加上小費和酒水，每人 650 元美元（約合新台幣 19,000 元）跑不掉。第二，無菜單，這對習慣吃日本料理的台灣人來說並不意外，但美國人卻很陌生，要吃什麼全看主廚決定，不過高山自己有一本小簿子，記下客人的喜好和反應。第三，每個月的第一週接受訂位，且須先提供信用卡資料，想取消須兩天前告知，並且收取每人 100 美元（約合新台幣 3,000 元）的罰款！整間餐廳 26 個座位，每晚只做一輪。

不習慣這種強悍高姿態的人強力批評他，不過，高山雅氏接受《紐約時報》訪問時說得瀟灑，這個、那個不吃、要求多多的預約他是不接的，「我只想把日本料理的全然純淨，傳達給美國人、歐洲人。」

名廚湯瑪斯‧凱勒本身也是高山的大粉絲。凱勒曾在受訪時說：「驚人的美味食物只是其中一部分，高山帶領你進入的境界，不能用價錢衡量。」好比在壽司吧前看高山輕烤松茸，然後放上一片羊皮紙，從紙上拓印下漂亮清楚的輪廓，「這幾乎是藝術了，你是在看一個偉大的表演。」

如果你覺得上一趟「雅」吃飯實在太高貴，還好，高山在餐廳旁又開了一間平價的「雅酒吧」（Bar Masa），食材來源跟「雅」一樣，晚餐卻 100 美元有找，且毋需訂位。

文／李莘于

Info.
雅（Masa）
招牌菜：季節鮮魚握壽司、鮪魚塔塔魚子醬、松露
　　　　海膽燉飯
地址：10 Columbus Circle New York, NY 10019
電話：+1-212-823-9800

美國第一頂級牛排

牛排,在美國人心中,是神聖的紅肉殿堂。紐約的「彼得・魯格」
(Peter Luger),則是牛排老饕此生必朝聖的第一名店。

68 Peter Luger
乾式熟成 No.1 指標

紐約有一間 120 年,不靠裝潢、不靠服務,靠美味牛排就拿下米
其林一星的傳奇名店「彼得・魯格」,以其乾式熟成至少 28 天
的頂級牛肉傲視全美,他們的熟成室占地約 3 千平方呎(約 55
坪),溫度維持在 0℃~2℃,3 萬磅的肉品都是老闆每天上市場
精挑,據說全美極佳級(Prime)等級的牛肉,入他們眼的不到
1%。正因如此強調肉質,無論客人點什麼熟度,那經過華氏 1800
度(約 982℃)高溫炙烤的牛排,即便外表焦黑如炭,切開全都是
粉嫩欲滴的 5 分熟(medium rare)。他們的煙燻豬培根,香酥不
膩,也是每桌必點。

雖然「彼得・魯格」裝潢老派、服務員臭臉又只收現金的強硬風
格,跟不上時代的腳步,但許多人就是甘願等一個多月預約朝聖,
畢竟,吃牛排就跟他們乾式熟成的原理一樣,越陳,越香。

美味祕密:乾式熟成超過 21 天以上
在台灣總是強調當日宰殺、不進冰庫的溫體肉才夠讚,這在美味牛
排的世界是不成立的。在適當的溫度、溼度保存下,牛肉跟酒和乳
酪一樣,越老越夠味,經過時間的催化熟成後,其嫩度、多汁度及
風味都會自然加乘。

一般分為濕式熟成(Wet Aging)和乾式熟成(Dry Aging)兩種。
而乾式熟成,更是造就高級牛排美味的祕密武器,每一間以牛排著
稱的餐廳,必定都會有一間掛滿肉的乾式熟成室,21 天~28 天的
熟成更是各家自豪的關鍵數字。

通常牛在屠宰之後，嫩度便會隨時間驟減，屠宰後的 6 到 12 小時會完全僵硬。但是，牛肉本身的蛋白酵素也開始作用，逐漸崩解牛肉的膠原組織及肌肉纖維，這個酵素作用就像我們在料理肉類時會藉由放入紅酒、鳳梨等方式來軟化肉質，會提高牛肉的嫩度。屠宰後的第 11 天，牛肉的嫩度達到最佳狀態。而從此開始，牛肉真正的風味才開始孕育，隨著熟成時間的增加，變得更濃郁。

一般常用的濕式熟成是運用真空包裝技術，讓肉在封模裡熟成。乾式熟成則不加任何包裝，放入濕度、溫度恆定的熟成室自然風乾，21 天後，乾式熟成的牛肉外層因水分喪失、風乾變硬，形成有如金華火腿一般的硬殼，反而鎖住內部的水分，因此內部仍維持著鮮肉般的質地，且內部的水分因纖維組織的崩解更易滲透融入肌肉組織當中，因此熟成的牛肉會比未熟成的牛肉更多汁、更香甜，甚至有堅果的芳香。

通常乾式熟成的牛肉要價不菲，主因之一是設備，熟成室必須是恆溫、恆濕狀態，願意砸錢的高級餐廳才辦得到。其二是肉的損失比例高，牛肉被移入熟成室中進行冷卻，由於水分被風乾，此時牛肉的重量會減少 2% 至 3%。此後則是以每 7 天減少 1% 至 1.5% 持續遞減。根據研究顯示，在 0℃ 的冷藏室中熟成 14 天，肉塊就損失了將近 18% 的重量。加上牛肉表皮層因風乾變硬無法食用，經過清修之後可烹調的牛肉僅剩下原有的 7 成至 8 成左右。但經過時間提煉出的這一塊，也等於萃取了全牛的菁華。

美國人認為把肉烤到不見血色的全熟牛排，是對頂級肉的一種褻瀆。如果你選擇了極佳級的乾式熟成牛排，那就別點全熟或 8 分熟（well done）毀了它，3 分熟（rare，切開後肉質 75% 呈粉紅色）與 5 分熟（切開後肉質 50% 呈粉紅色）才是品嘗正道。

文 / 李莘于

Info.

彼得・魯格（Peter Luger）
地址：178 Broadway Brooklyn, NY 11211
電話：+1-718-387-7400

美國國菜漢堡，每人 1 週吃掉 3 個

2010 年，美國總統歐巴馬會見當時俄國總統梅德韋傑夫（Dmitry Medvedev），到了用餐時間，兩位總統並未在白宮用餐，而是跑到快餐店吃漢堡。無論世界的飲食風怎麼吹，在美國，領導者用行動告訴世人，漢堡是正港美國代表，人氣歷久不衰。

據統計，美國人每人 1 週幾乎都吃 3 個以上的漢堡。紐約名廚約翰‧德魯奇（John DeLucie）在其回憶錄《飢餓主廚》（The Hunger）中以「打不倒的肉餅」來形容漢堡，無論哪種漢堡，德魯奇提到一個重點，「一口咬下能在嘴邊滲出甜美汁液的，才能稱得上是好漢堡。」

紐約人心中屹立不搖的經典漢堡店，並非名店，而是一間「奶昔小站」（Shake Shack）。「奶昔小站」位於麥迪遜廣場花園，顧名思義，就是個賣奶昔的小棚子。這間小攤子，從賣熱狗、奶昔起家，供應的餐點可不馬虎，尤其是招牌漢堡，更被當地人譽為全紐約最好吃的漢堡，讓他們甘願為這一口等上 45 分鐘以上。

這裡的漢堡一點都不花稍，鬆軟的餐包夾進簡單的綠生菜、番茄片，微帶粉紅的多汁純安格斯黑牛肉餅，融化的美式起司，以及其酸甜微辣的獨門醬汁。所有食材都是每天新鮮進貨，現點現做，每接近用餐時間，長長的人龍總是蜿蜒整個廣場，成為紐約獨特的城市風景。

Info.
奶昔小站（Shake Shack）
地址：Southeast corner of Madison Square near Madison Ave. and E.23rd St.

兩大經典早午餐

這幾年早午餐（Brunch）的火紅程度，遠超過下午茶，加上影集《慾望城市》的推波助瀾，讓美式早午餐風靡全球。其中貝果及班尼迪克蛋，可說是絕不容錯過的美式早午餐兩大經典。

貓靈繪

早午餐的起源

其實早午餐這個詞來自 1895 年的英國，而且僅限週日（Sunday Brunch），為的是緩解週六晚上的大吃大喝，於是在週日接近中午的時間，吃些綜合早餐與午餐兩種正餐的餐點。到了美國，早午餐逐漸拿掉了時間的限制，不只是週日，無論是平日或週末、下午 2 點或凌晨 1 點，想吃就吃，指的是餐廳在正餐外供應的食物。餐點的形式很自由，多半以蛋料理為主，搭配馬鈴薯、貝果、吐司、漢堡、鬆餅等輕食，更豐盛的還會有義大利麵、燉飯，甚至是牛排；飲品方面除了果汁、牛奶、咖啡之外，有些還會佐「血腥瑪麗」雞尾酒、香檳以及香橙氣泡酒（Mimosa）等，幾乎沒有任何餐點上的限制。

Author: Pollikaner © Wikimedia Commons

©wikipedia

69 貝果
嚼勁十足的猶太麵包

緊實中帶有彈性的貝果,用水燙過,完全無油又有咬勁的硬麵包圈,幾乎成為紐約人不可或缺的早餐選擇之一。

貝果其實是猶太人的食物,紐約是全美猶太移民最多的城市,猶太人除了把巨大的燻烤牛肉三明治和熟食吧(Deli)帶進美國,更把 300 多年歷史、狀似甜甜圈的猶太傳統食物──貝果,注入紐約人的餐飲文化中。貝果的名稱,有人說來自德文「bugël」(馬鐙),也有人說是猶太文中的「begyl」。貝果的開始相當低調,20 世紀初,一群擁有祕方的猶太麵包師傅在紐約組織了祕密工會,只有隸屬工會成員的 300 位師傅及其子,才能得知並販售貝果。一直到 1960 年代加拿大發明的貝果製造機之前,貝果的祕方始終掌控在 36 家麵包店手中。

怎樣才算紐約人心中正宗的貝果?貝果僅由高筋麵粉、鹽、水、酵母、麥芽組成麵團,經水煮過再烤,烤出來的外皮須呈現焦糖般的色澤。自從 80 年代一股追求「大份量」的風潮興起,原本小巧的貝果圈直徑越做越大,其實正統的紐約貝果僅有 3～4 盎司重(約 85 克),且不可太軟,咬下去必須有清脆聲響,裡面要緊實中帶有彈性,不可太甜。最佳的賞味時限就是趁它還溫熱的時候。

傳統吃法僅抹上一層薄薄的奶油乳酪(schmear,專指貝果上的乳酪抹醬),頂多再加上阿拉斯加燻鮭魚片。現在光是貝果本身的口味就五花八門,《紐約時報》的食評家李文(Ed Levine)即打趣說:「如果上帝想在貝果裡塞進番茄乾,祂當時就會多一點貝果師傅到義大利。」意思是貝果還是原味最好。

70 班尼迪克蛋
爆漿蛋汁的原創風味

許多人吃早午餐的首選都是班尼迪克蛋，吹彈可破的半熟水波蛋
（poached eggs），淋上微酸的荷蘭醬（Hollandaise sauce），用
刀輕輕劃開，鮮黃濃稠的蛋汁瞬間爆漿流洩，滿布在底層的英式馬
芬（English muffin）上。這一瞬間，視覺、味覺都獲得極大滿足。
根據 1967 年的《時代》雜誌刊載，班尼迪克蛋起源自1880 年紐
約一間「戴莫尼克」（Delmonico）餐廳，主廚聽了熟客班尼迪克
太太的建議，創造出這個新菜色。

另有一個說法是，1894 年一位退休的華爾街金融人士拉慕爾‧
班尼迪克（Lemuel Benedict），在紐約華爾道夫飯店（Waldorf
Hotel）用餐，跟餐廳點了一份「塗上奶油的吐司、煎脆的培跟、
兩個水波蛋，再加上荷蘭醬」餐點，後來廚師加入巧思，將吐司換
成英式馬芬，就成了飯店招牌菜。

美味關鍵的那一顆水波蛋，是在略微沸騰的熱水中，加入些許白醋
與鹽去煮，鹽可以提高水的沸點，醋可以改變水的密度，蛋打下
去，蛋白容易凝結，自然包裹住蛋黃。大概等個 4 分鐘，再撈起
放入另一盆冰水中冰鎮，順便去除醋味。

黃橙橙的荷蘭醬則是最費工的部分，完全得靠人工手打，蛋黃加入
鹽和胡椒一邊攪，一邊慢慢倒入加熱煮融的奶油，持續隔水加熱並
且藉由手打將空氣拌入，打到略帶黏稠卻不硬。好吃的荷蘭醬，口
感會鬆鬆綿綿的，加進白醋、檸檬與萊姆的天然水果酸，讓口感濃
厚卻又不會太油膩。

文 / 李莘于

建築 Architecture

紐約是活生生的大型建築博物館，摩天
大樓瀰漫著與天比高的自信。

兩大建築精神

永遠站在趨勢的前端，意味著，紐約建築不停「代謝」，擁有多變的建築風格。全球努力發展摩天大樓的大本營，就在紐約，摩天大樓不僅和天空比高，各年代風格的大樓更像選美，讓曼哈頓的天空變得豔麗無比。

71 不斷更新
活生生的大型建築博物館

紐約的高樓從早期的裝飾藝術（Art Deco）、現代主義、後現代主義（Postmodernism）建築，再到近年來的環保、高科技建築，甚至舊廠房變時尚空間……，都是領頭羊，活生生就像個大型的建築博物館。

三石建築事務所協同主持人蕭博文說，年輕又多元，讓紐約的都市計畫和設計，成為許多新興國家發展的參考。英國知名設計雜誌《壁紙》（*Wallpaper*）出版的《城市導覽：紐約》（*City Guide Series: New York*）開宗明義寫著，「紐約今日做了什麼，明天其他城市也會跟進。」現在建築開放空間容積獎勵制度，就是從紐約開始的。

不斷更新，是紐約建築的主精神。就新建築來說，紐約在 20 世紀成為世界政治、經濟的中心，造就不少有錢人，他們豐富了紐約建築的多樣性。1950 年以降才出現的國際風格、後現代風格等盡在紐約，像是 45 度傾斜樓頂設計的花旗集團大樓（Citigroup Center）、已消失的世貿雙子星大樓（World Trade Center）等。

過去百年來，全球最具天賦的建築師幾乎都被找來紐約蓋大樓。譬如，包浩斯（Bauhaus）第三任校長德籍路德維希・密斯・凡德羅（Ludwig Mies van der Rohe），建造傳遞「少即是多」的西格拉姆大樓（Seagram Building）；曾獲得普立茲克建築獎、被譽為建築界畢卡索的美籍建築師法蘭克・蓋瑞（Frank O. Gehry），設計出 IAC 企業總部大樓，造型扭曲、外型似波浪起伏；首位亞洲女性獲得普立茲克建築獎的妹島和世，設計出新美術館（New Museum），猶如一個個方盒錯置堆疊起來等，不勝枚舉。

赫斯特大樓

IAC企業總部大樓

紐約的歷史上，有兩件大事影響到建築發展。第一，1929 年至 1939 年的經濟大蕭條。在這之前，你看到的摩天大樓像是克萊斯勒大樓（Chrysler Building）、帝國大廈（Empire State Building）等，都在強調財富、權力。大蕭條之後，揮金如土的風格開始轉變，拒絕裝飾，展現出透明、輕量化、理性的特質。第二個重大影響是，911 恐怖攻擊。911 帶給美國人省思，到底競高這件事對不對？在這之後，可以發現到紐約的建築轉向比較內斂、以人和環境的角度出發。過去幾年建成的大樓，比如底下基座是一個老建築的赫斯特大樓（Hearst Tower）、紐約時報大樓（New York Times Building）、美國銀行大樓（Bank of America），以及坐落於世貿雙子星原址的世界貿易中心一號大樓（One World Trade Center, 簡稱 1 WTC），全都在談環保，美國銀行大樓還得到美國環保建築協會最高等級設計認證。

走過光輝時代，也曾面臨低迷谷底，甚至經歷像 911 這樣的打擊，紐約的創新能量，卻始終能在建築上展現，或許這就是因限制而帶出來的生命力。

72 追逐高度
紐約摩天樓和天空比美

談到摩天大樓,紐約並非發源地,卻是全球最能代表摩天大樓的城市。這裡,出現過 10 棟世界第一高樓。當你站在建於 1883 年的布魯克林大橋(Brooklyn Bridge)望向曼哈頓島時,櫛比鱗次的摩天大樓,建構紐約專屬的天際線,每隔一段時間,就有幾棟高樓拔地而起。曼哈頓化(Manhattanization)這個新興語彙就是用來形容這個趨勢。

1807 年由紐約州政府任命的專門委員會所做的曼哈頓城市規畫,就是今天我們看到紐約曼哈頓道路的規畫雛形:把曼哈頓南北向的道路叫作大道(Avenue),東西向叫作街(Street)。這種棋盤式的規畫從商業發展的角度出發,規畫者認為,做為商業城市沒有必要像歐洲城市那般充滿裝飾,於是,在實用的角度下,一張街與道交錯成規矩方格的簡潔規畫圖誕生了。

近百年來，紐約成為全美國商業最發達的地方，因為兩邊都是河，也沒辦法往左往右擴張，空間只能往上發展，紐約的摩天大樓天際線，就在這樣不得的情形下產生。

紐約是 19 世紀以來，摩天大樓發展最完整的城市。建築師蕭博文說，紐約整個城市，就是一部生動的摩天大樓發展史；遠在我們為列強入侵而煩惱的清末時期，紐約就已發展摩天大樓，1896 年拜訪美國紐約的清朝大臣李鴻章驚訝地說，「我在大清國和歐洲都沒見過這種高樓。」

20 世紀初，紐約邁向經濟政治強權，企業家在建築師的鼓吹下，紛紛追逐世界第一高樓。他們認為，當企業從平地蓋起一棟無人能比的大樓，是經濟實力與強權的象徵。這股風潮不但在紐約發酵，更引發摩天大樓在全球此消彼長，最短壽命的世界第一高樓克萊斯勒大樓，僅僅在位不到 40 天。至今，全球仍對於蓋出世界第一高樓興致勃勃，甚至透過這項建築語言，表達自己的經濟實力。

視覺衝突也是紐約摩天大樓另一個特色:在紐約曼哈頓小島上,摩天大樓和低矮、老舊樓房竟能比鄰而居。在其他國際城市,摩天大樓群往往集中在新興的發展區域,不太容易出現這種畫面。也因為這種衝突,受紐約摩天大樓帶來的視覺震撼度更大。要體驗這密度與高度的震撼,千萬別只是站在布魯克林大橋遠眺(雖然這樣的畫面是任何書籍、明信片的經典),你一定要走進摩天大樓滿布的華爾街,感受碩大無比的大樓創造出的人工峽谷,幾乎把天上的光線遮蔽住。更戲劇性的是,一旦陽光透過高樓縫隙照射進來,現場會有種神似宗教空間一般神聖、莊嚴的氣氛。

摩天大樓雖發源於芝加哥,但在紐約發揚光大,橫跨 120 年的摩天大樓發展史,既展現紐約在世界的獨一無二,更呈現這個城市的驕傲。

文 / 徐銘志

六大摩天高樓

全球摩天大樓從 1885 年發展至今，81.25% 的最高樓坐落在美國，其中 62.5% 的最高樓都在紐約。

73 熨斗大廈
全世界最美「路沖」

落成於 1905 年的熨斗大廈（Flatiron Building），是紐約目前最古老的摩天大樓之一。它是 19 世紀美國新建築運動下的成果，也是第一棟使用鋼骨結構的摩天樓，更是第一棟配備防火系統、且電氣暖氣自給自足的摩天大樓。

位於三角街區、外觀奇異特殊像個電熨斗的熨斗大廈，矗立在 23 街、第五大道和百老匯間，是全世界最美的「路沖」，車來人往一定會注意到它。外觀設計採用「布雜藝術」（Beaux-Arts）參考古羅馬建築風格，打造如同希臘柱式古典風格的造型，講究比例、均衡、對稱以及精巧的裝飾。

熨斗大廈一直是觀光客及電影場景的最愛，蜘蛛人常縱身一躍飛上樓頂。不妨挑個晴朗的午後來到熨斗區（Flatiron District），從聯合廣場為起點出發，到「義大利美食購物中心」（Eataly）逛逛，或散步至麥迪遜廣場公園觀賞裝置藝術，順便眺望帝國大廈的夜景。

文 / 竺欣

Info.
熨斗大廈（Flatiron Building）
地址：175 5th Avenue, New York, NY 10010
交通：搭地鐵 N、R、4、6、F、M 線至 23 St 站

© 達志影像

74 克萊斯勒大樓
耀眼的裝飾藝術建築

克萊斯勒大樓是受裝飾藝術影響的建築登峰之作，落成於 1930 年，這是建築師說服業主建造世界最高樓的經典年代。大樓最著名的，便是由 7 個放射狀拱形所組成的不鏽鋼尖塔，總是在曼哈頓高空中閃閃發亮。

1920 年代的汽車大王華特・克萊斯勒（Walter P. Chrysler）一心想在紐約蓋摩天大樓，象徵他的驚人崛起。於是建築師設計 77 層、樓高 319 公尺的大樓，滿足克萊斯勒的想望。克萊斯勒大樓曾風光站上紐約第一高樓，無奈登基不到 40 天，就被帝國大廈摘下桂冠，如今在紐約排名第四高，是全球最高的磚造鋼骨建築。

整座克萊斯勒大樓最富奇想的設計，是大樓頂端酷似太陽的光束。這是一款 1930 年克萊斯勒汽車的冷卻器蓋子，以汽車輪胎為構想，加上 7 排同心弧形相疊，每排拱形鑲嵌三角窗，表面電鍍後創造出光芒四射的頂冠。全棟大樓共用 380 萬塊磚頭和 39 萬顆鉚釘，讓克萊斯勒大樓在曼哈頓高樓群中一枝獨秀，加上不鏽鋼反射陽光，讓路人不注視它都難。

對紐約客而言，克萊斯勒大樓兼具了時尚與前衛，難怪影集《慾望城市》的片頭一出來就能看見它的美麗身影。富麗堂皇的一樓大廳，曾是汽車展示場，以大理石與花崗岩縀金邊鑲砌，連電梯門都可見裝飾藝術風格。置身其中，不難想像汽車工業在全盛時期的光榮景象。

文 / 夏凡玉

Info.
克萊斯勒大樓（Chrysler Building）
地址：405 Lexington Avenue, New York, NY10174
電話：+1-212-682-3070
交通：搭地鐵 4、5、6、7 線至 Grand Central 42 St 站

75 帝國大廈
壽命最長的世界最高樓

在櫛比鱗次的摩天樓間，103 層樓高的帝國大廈最醒目，它占據世界第一高樓位置長達 42 年，至今仍是曼哈頓天際線重要的元素。

名列世界七大工程奇蹟的帝國大廈，頂端彩燈隨著特定節慶、紀念日變換，為紐約最知名的國家歷史名勝地標。1931 年落成，443 公尺高的帝國大廈，主要建材為石灰岩及花崗岩，投入超過 3 千名工人建造，僅花 14 個月即落成，是美國經濟大蕭條之初摩天樓競高下的代表作。86 樓和 102 樓可 360 度盡覽整座紐約城，前往觀景台的隊伍總是大排長龍。

電影《西雅圖夜未眠》（Sleepless in Seattle）中，男女主角曾在帝國大廈頂樓鳥瞰紐約風景；《金剛》（King Kong）大猩猩雄踞大廈尖塔的形象，從 1930 年代開始就深埋在眾人腦海。帝國大廈建築設計風格也深受裝飾藝術影響，幾何形線條、精緻裝飾和貴重建材等，皆反映裝飾藝術強調平衡、優雅的形態。

文 / 李思嫻

Info.
帝國大廈（Empire State Building）
地址：350 5th Ave, New York, NY 10118
電話：+1-212-736-3100
開放時間：08：00 ~ 隔日凌晨 02：00
　　　　　最後一班電梯是 01：15

© 達志影像

76 洛克斐勒中心
群樓林立的城中城

洛克斐勒中心（Rockefeller Center）由 19 棟大樓及廣場組成，串聯辦公室、溜冰場、餐廳、銀行和花園等空間，每日約有 25 萬人次在此移動，自成一格為曼哈頓島的城中城。

以創建者小約翰・戴維森・洛克斐勒（John Davison Rockefeller, Jr.）家族姓氏為名，1939 年建成的 14 棟建築深具裝飾藝術風格，1960 年代後興建的大樓則趨近代國際風格。洛克斐勒中心最高的奇異大樓（GE Building），69 和 70 樓的觀景台，使用視野無死角的玻璃帷幕，鳥瞰紐約的驚人景致可媲美帝國大廈。

下層廣場中央的金色雕像是希臘神話中的普羅米修斯（Prometheus），每年 10 月至隔年 4 月搖身為溜冰場，耶誕節時是全城最歡樂的角落。進駐洛克斐勒中心的企業以文化為導向，包括《國家廣播公司》（NBC）、《美聯社》（The Associated Press）和無線電城音樂廳（Radio City Music Hall）。隧道花園（Channel Garden）百花隨著季節更迭，是洛克斐勒中心最色彩斑斕的角落。

文 / 李思嫻

Info.
洛克斐勒中心（Rockefeller Center）
地址：45 Rockefeller Plaza New York, NY 10111
電話：+1-212-332-6868
開放時間：08：00～24：00

77 西格拉姆大樓
透明理性的摩登建築

化繁為簡的西格拉姆大樓締造了現代摩登建築的新里程碑，精簡的結構強而有力演繹設計師的理念。

西格拉姆大樓完工於 1958 年，其國際風格對美國當代建築有極大影響，建築本體的鋼結構暴露在外，捨棄立面裝飾，是種強調功能性的現代建築美學。西格拉姆直上直下、工整簡潔，琥珀色的玻璃貫穿整棟大樓，看來更沉穩幹練，此純淨透明又技術精確的風格，在 50 年代如雨後春筍般蓬勃發展。

德籍建築師凡德羅設計西格拉姆大樓時，將底層架空，騰出兩層樓高的寬敞大廳供市民駐足休憩，在都市叢林間稍作喘息。這種開放私人業主空間予民的做法成為表率，紐約市政府接著鼓勵其他大樓跟進，讓城市公共空間的利用又更進一步。

文 / 竺欣

Info.
西格拉姆大樓（Seagram Building）
地址：375 Park Ave, New York, NY 10152
電話：+1-212-751-5480
交通：搭地鐵 6 線至 51 St；E、M 線 至 Lexington
　　　Av / 53 St 或 5 Av / 53 St 站

78 世貿中心一號大樓
象徵全新能量的重生

911 事件後，於雙子星大樓舊址旁重建起的世貿中心一號大樓，共有 104 層樓高，是西半球第一高摩天樓，曾一度名為自由塔（Freedom Tower）。

2013 年竣工，隔年正式開放的世貿中心一號大樓，是紐約自 911 恐怖攻擊後最重要的建築工程。九一一國家紀念博物館（National September 11 Memorial & Museum）就位於一旁的雙子星原址。全新的世貿大樓特別強調安全防護，大量採用再生資源的綠能環保概念，為此傷痛之地帶來一股重生的力量。

世貿中心一號大樓採用先進節能環保技術，運用高度優勢可自體產生風力發電，觀景台更高達 1,362 呎，相當於過去世貿中心的高度。外觀俐落、結構對稱，被人們稱為像是扭轉了 45 度的方尖碑，高度為 1,776 呎，該數字同為美國獨立宣言頒布年份，象徵自由及獨立。金屬帷幕外牆，使整棟建築因光線變換出多樣光芒，讓它成為摩天樓中最閃耀的新星，令紐約天際線更加迷人。

文 / 李思嫻

Info.
世貿中心一號大樓
（One World Trade Center，簡稱 1 WTC）
地址：285 Fulton St New York, NY 10006
電話：+1-212-739-7300

故肆 紐約

兩大舊建築重生

紐約非常擅長老空間再利用，賦予舊建築新的價值，蘇活區和高架
鐵路公園（The High Line）就是最好的展示。

79 SoHo
廠房結合藝術的濫觴

蘇活區（SoHo 是 South of Houston 的縮寫），在歷史上幾經起
伏，最早是中產階級的住宅區，卻因商店、遊客的入侵，而迫使居
民搬遷。1870 年代，因為鑄鐵（Cast Iron）技術普及，蘇活原本
木構和磚造的房子，開始被鑄鐵建築取代，同時吸引紡織業、輕工
業工廠進駐，成為當時紐約著名的工業區。但在第二次世界大戰結
束後，紐約紡織業慢慢往美國南方移動，搬離蘇活。有些藝術家發
現蘇活這些乏人問津的廠房空間，租金低廉，空間挑高寬敞、柱子
很少，於是開始進駐。而這就是現在所謂挑高開放型倉庫大空間的
原型。

藝術家的進駐，讓蘇活一躍成為炙手可熱的地方。現在的蘇活外觀
仍保有老舊鑄鐵，你可以看到這些建築的柱子，利用鑄鐵去模仿古
典建築，有著羅馬式柱子的花草。隨著蘇活的地價復活，很多藝術
家住不起而撤退，現在這區域成了精品商店、藝廊、高檔餐廳聚集
的地方。

這是社區改造極成功的例子，其空間運用的精神也反映現代人不想
被框框定義的心理需求，也難怪 loft 跟它的發源地蘇活區所延伸出
來的字 SoHo（在家上班的自由工作者），會被一起稱為蘇活效應
（SoHo Effect），恰恰代表了新世紀多元、自由、跨界的生活觀與
工作觀。

文 / 徐銘志

80 高架鐵路公園
廢鐵道變空中花園

高架鐵路公園是曼哈頓最引人思考的城市綠地，閒置鐵道空間活化後，注入嶄新舒暢的氣息，成為紐約人可以散步整天的公園。

1930 年代的紐約，熬過經濟大蕭條，曼哈頓島上摩天樓一條聯外的空中鐵道平地而起，線性縱貫西側肉品加工區（Meatpacking District）、西雀爾喜（West Chelsea）和地獄廚房（Hell's Kitchen）。眾多屠宰場、倉庫處理好的肉品及貨物，沿著這條鐵道一路送往哈德遜河（Hudson River），再分裝運至各地。這條乘載了紐約工業發展史的高空鐵道，卻於 1980 年代停止運作，成了雜草叢生的廢棄建築。

1999 年，當地居民約書亞・大衛（Joshua David）與羅伯・哈蒙德（Robert Hammond），開始有活化這條高空鐵道的想法，2006 年在紐約市長彭博（Michael Bloomberg）所推展的「規畫紐約：更綠更偉大」（PlaNYC: A Greener, Greater New York）計畫下，花費 3 年，將廢棄鐵路改造成城市綠地——1.45 哩長的高架鐵路公園，成為曼哈頓島西側最清新的行人漫步路徑。

現今走上高架鐵路公園，兩側有志工栽種的美洲原生植物、精緻飲食攤販；木製躺椅更可讓人躺著待上整天，看本書、望著孩子嬉戲、曬日光浴。這裡的高度剛好可以一邊遠眺哈德遜河，一邊近看紐約市區新舊夾雜的景致，因為古老的紅磚工廠、最新潮的飯店和最現代感的設計大樓，統統都在眼前。高架鐵路公園沿線的三大主要區域，如今也從工業區脫胎換骨，聚集視野絕佳的露天酒吧、同志舞廳及藝廊，是紐約最有活力的藝術、夜生活重鎮。

夕陽西下，步道打上柔和的燈，周圍曼哈頓的摩天樓開始閃爍，人潮漸漸散去，此時的空中鐵道公園，人少了、安靜了，搖身為更具祥和情調的祕密基地。

文 / 李思嫻

Author: Xauxa Håkan Svensson © Wikimedia Commons

高架鐵路公園（The High Line）
地址：122 Gansevoort St. New York, NY 10014
電話：+1-212-500-6035
開放時間：07:00~19:00，天候不佳則關閉

設計 Design

紐約居家設計概念，沒有整體風格，混
搭就對了！

兩大空間設計潮

紐約居家態度最重要的關鍵字：融合（fusion），強調的不是對某種特定風格的追求，而是個人特質的展現和延伸。而藝術家在廢棄工廠裡搞工作室，如今成為全球競相仿效的室內空間設計：倉庫大空間（loft）。

曹慰祖的設計作品 West Side Duplex, New York, NY, 1995.

81 紐約居家概念 fusion
混搭就對了！

身為移民城市的紐約，人種和文化百百款，也讓居家風格相互混合，不斷推陳出新，鼓勵創新，勇於挑戰別人的想法。事實上，在法國巴黎、英國倫敦等世界主要城市，因為悠久的傳統文化，居家風格總會有依循的樣式及主流，但紐約就是沒有。

國際建築設計師曹慰祖認為，紐約居家有所謂的紐約質感，指的是fusion 這件事。紐約每個區域都有強烈的風格特色，住了很多教授和音樂家的上西區、次文化發源地東村等。雖然如此，每個區域都相互影響，就像現在的上城區，開始出現下城街頭的味道，而下城也有上城中產階級的影子。

因為融合，所以紐約人的居家概念很新潮。

紐約人喜歡動手做居家布置，他們會去中國城，找批發的商店買材料，或訂做不鏽鋼的東西，像是家裡的餐桌，把大家認為冷冰冰的材質搬到家中，卻成了很酷的做法。他們就是用創造的方式，建立屬於自己的風格，而且充滿想像。

異材質的混搭經常出現在紐約客家中，像是金屬材質的家具出現在木頭質感為主調的環境，而跨文化搭配像中國的燈籠、佛像到非洲面具等，都非常有創意地被運用、點綴到不同風格的環境裡，具畫龍點睛之效。

郭政彰/攝

曹慰祖家中一角，簡約、混搭，卻又極為大膽。

不僅硬體混搭，有時候連家中的軟體也很融合。早期蘇活的 loft 還開辦過以「食物」為名的合作社。那時，蘇活區四處都是廢棄廠房，沒有餐廳，住進去的藝術家就有人開辦食堂，輪流煮飯給大家吃。因為藝術家來自全球，包括日本、韓國和中國，吃的餐點就像聯合國，泡菜、日式燒烤、新英格蘭的炸魚等。在 1960 年代，世界交流不像現在這麼頻繁，這些組合是很新奇的。

「沒有什麼不可以！」曹慰祖說這是紐約客在居家態度中最強烈、最一致的主張。在紐約，室內設計師是很難經營的，紐約客不會說，「你很有名，來設計我家。」他們會說，「雖然你剛畢業，但我就是喜歡你，你來設計我的房子吧。」

「我是誰？」這是很值得學習的居家態度，隱含著兩個層面，一是，什麼樣的空間能代表你、讓你感到舒適？這和從小的成長背景、文化和個性相關，是你必須去找出來的；二是，在新資訊、新風格不斷出現下，什麼是你喜歡的？該如何融入到生活中，卻又不會很突兀？

這種表現其實不容易，一方面得在資訊滿天飛的環境，分辨喜好，找到自己最深處的聲音；一方面得不在意別人看法，忠於自我；同時還得經營時間感，讓居家空間看得出時間的軌跡，才有意義。

對紐約客來說，一個好的居家空間是經常變動的，好設計沒有終點。如果一個空間設計完後，將人鎖在裡面，無法改變，那是很恐怖的。你可以不斷思考，經過時間洗練依然好看的空間是什麼？就像人會變老一樣，有些人變老很恐怖，但有些人就是越來越好看，因為皺紋也有個性。

別拘泥於品味這兩個字吧！因為，一談到品味，可能會影響尋找自我空間的過程，我們應該想的是，如何在居家空間中表達自己，而且信心滿滿。

文 / 徐銘志

82 工廠變住家
掀起全球 loft 風

Loft 可以說是近期電影居家場景中，最常出現的空間形式。這個名詞的字面翻譯，是倉庫及閣樓。不過到了 20 世紀末，當大家講到 loft，想到的不是字面上的意義，而是指在挑高開放的空間中，一種時尚又不拘的生活方式。

Loft 生活形態最早成形於 1940 年代的紐約蘇活地區，許多美國東岸的藝術家因為受不了紐約昂貴的房價，往曼哈頓的舊紡織工廠遷移。這些藝術家利用廢材打造生活空間，亂塗牆壁、不藏管線，賦予粗獷廠房一個令人耳目一新的挑高空間，讓年輕人開始嚮往。

廢棄的 loft 廠房，天花板很高、縱深很長，只有兩端採光，所以不能用傳統方式來隔間，不然會有臥房沒有窗。因此，許多住進去的人，把牆都拆掉，變成一個大空間，一側是工作室，一側是床，廚房設在中間。這些進駐 loft 的藝術家從沒想過風格、品味和樣式，就只是生活，但這生活樣態最後卻紅遍全球，顛覆大家對於居家空間的想像。

50 年代後，loft 風潮迅速蔓延至美國芝加哥、舊金山、洛杉磯、西班牙巴塞隆納、義大利米蘭、德國柏林、法國巴黎等城市。從那以後，loft 這個詞就披上先鋒藝術與生活形態的外衣，給現代居家帶來很大的觀念革命。

文 / 徐銘志

Loft 設計三大重點

要了解最現代的居家空間設計，就一定要認識 loft。現代 loft 風格多變，有的簡樸、有的奢華，其共有的三大設計概念，你不可不知。

83 挑高不隔間
管線外露最對味

當年進駐蘇活區的藝術家,利用廢棄的工業廠房,從中分出居住、工作、社交、娛樂、蒐藏等各種角落。在浩大的廠房裡,很少出現隔間牆,因為最早許多藝術家是非法占住廠房,隨時等著被趕走,怎可能花費金錢、力氣去砌牆隔間?也因此發展出 loft 空間最重要的精神,就是沒有隔間帶來的大尺度與空間解放,從臥鋪、廚房、餐廳、工作桌到居家沙發都一覽無遺,帶來高度自由感,讓這種居家設計充滿無拘束的魅力。

因為起自於早期廠房,挑高也是一大特色。也不會刻意隱藏原有建築的痕跡,管線通常外露,或許有一面牆沒有塗水泥或粉刷。所以,如果要設計具 loft 感的居家,挑高配上通透,加上一點原始粗糙感是最對味的。

84 家具不成套
新舊混搭少不了

Loft 這種由窮藝術家搞出來的空間設計,另一個特性就是強調可變的機能性。餐桌、工作桌與會議桌可能都是同一張;空間中也可能有好幾張不成套的椅子與沙發;搞不清楚哪裡是客廳主位;空間隨著人的活動變動定義。總之,整整齊齊的空間規畫,絕對不是 loft 的語言。不成套、不明確定義用途,才是 loft 精神的王道。

當年藝術家沒什麼錢，常常撿別人不要的舊家具，加上工廠原來剩下的物料，靠著自己的美感，布置出各式各樣的居家與工作室。老舊的鋼材、醫院丟棄的藥品櫃、某些 40 年代的木頭老椅子、辦公室的檔案櫃，都可能拼湊出一個家的樣貌，也成為 loft 重要特色。所以，有風格的 loft 居家，通常不會全部家具都是新的，時間感的層次是很重要的語彙，新舊混搭是少不了的。近年來，紐約蘇活區的 loft 設計，也流行將東方與西方風格融合。

這也是 loft 空間設計最困難的部分，打掉牆很容易，但要將不同材質、不同年代的家具混搭得好，需要住在其中的人花時間逐步累積居家感，很難一步到位。

85 擺飾重品味
不能沒有藝術品

Loft 居家風當年是由藝術家帶動的，可以想見，他們的家中可以沒有沙發，卻少不了藝術品。一幅大尺寸的抽象畫占據牆面、角落隨意擺放的雕塑、整櫃子的書、色彩鮮豔又有設計感的織品或地毯……，藝術的定義多元，也不必昂貴，但卻是必須，而且往往是讓整個空間活起來的焦點，也讓人看到居住者的品味。少了藝術品的 loft 只能算半調子。小小祕訣則是，現代藝術品放在 loft 居家空間中更合適，當然有辦法的話，也沒人規定不能放文藝復興作品。

另外，喜愛自由的 loft 居家者，多半也喜愛旅遊，遊歷各地蒐集而來的各種富有個人特色的蒐藏品，也是展現品味的祕訣之一。

Loft 的空間有非常大的靈活性，人們可以隨心所欲創造夢想，這種既具有反省力又帶著都會時尚感的居家形態，唯一的座右銘就是不按牌理出牌。

文／孫秀惠

逛遊 Travel

紐約，是帶著電影感的城市，從經典電
影場景開始，是逛遊的風情。

八大熱門電影場景

紐約是好萊塢導演最愛的電影場景之一，從中央公園到布魯克林大橋，有浪漫的愛情故事，也有驚心動魄的警匪追逐，親臨現場，重溫一幕幕情境，來一趟風情之旅。

©達志影像

86 中央公園
迷人多樣的四季景致

中央公園位處曼哈頓島中心，隨著四季更迭，中央公園變化出迷人風采，與周圍的摩天輪交互襯映出獨特城市綠地樣貌，多樣化的景致，讓這裡成為電影及電視場景的最愛。

1857 年紐約舉辦中央公園設計比賽，由景觀建築師奧姆斯特德（Frederick Law Olmsted）及卡爾弗特・沃克斯（Calvert Vaux）的「草坪規畫」（Greensward Plan）設計得獎。1873 年完工後，公園卻迅速進入衰退期，長年處於缺乏維修管理的狀態，直至 1934 年市長費雷羅・瓜迪亞（Fiorello La Guardia）上任，重新規畫 19 個遊樂場、12 個球場及手球場，中央公園才真正熱鬧起來。

中央公園甚具典型紐約印象，超過 300 部電影曾在此取景，電影《紐約的秋天》（*Autumn In New York*）裡情人在落葉紛飛間漫步；《電子情書》（*You've Got Mail*）男女主角在美麗的弓橋（Bow Bridge）上相遇；《當哈利遇上莎莉》（*When Harry Met Sally*）中，莎莉與朋友就在依湖而建的船屋餐廳（Boathouse）中用餐；漫步在公園裡，彷彿能聽見《曼哈頓奇緣》（*Enchanted*）的公主對著周遭的小動物引吭高歌；而《漢娜與她的姊妹》（*Hannah and Her Sisters*）畫面背景出現的望台城堡（Belvedere Castle）曾經是氣象台，如今則成了絕佳觀景台。

動物園、人工湖、遊樂場、草原與樹林等多樣設施與活動，讓中央公園整年都精彩。紀念已故音樂人約翰・藍儂的草莓園（Strawberry Field）、畢士大噴泉（Bethesda Fountain）、愛麗絲夢遊仙境雕像以及中央公園動物園（Central Park Zoo）等，皆是熱門景點。

夏天可以免費在黛拉寇特劇院（Delacorte Theater）觀賞莎士比亞戲劇節（Shakespeare in the Park）的劇碼，或慢跑、騎單車、坐馬車；冬天當大雪覆蓋整座城市時，到沃爾曼溜冰場（Wollman Rink）滑冰刀是紐約人的傳統，也是全年最夢幻的時分。

文 / 李思嫻

Info.
中央公園（Central Park）
園區範圍：於第五及第八大道間，南北橫貫 59 街至
　　　　　110 街
電話：+1-212-310-6600
開放時間：每日 06：00 ~ 隔日凌晨 01：00

Relocation

Prudential

AMAZON RAINFOREST
BRAZIL 20647

HSBC ◀▶

SHERWOOD

SAMSUNG

SHERWOOD

Coca Cola

Corona
light

32734700

HYUNDAI OWNERS CAN'T BE WRONG.

A BREATH OF FRESH AIR
FOR THE HO-HUM MIDSIZE

ONE WAY

W 46

87 時代廣場
世界的十字路口

全世界最熱鬧喧騰的跨年夜在時代廣場，降球儀式吸引數十萬人頂著冬日寒風齊聚倒數，充滿感動、希望與夢想，象徵紐約繁榮鼎盛的不朽。

從時代廣場抬起頭張望四周，目不暇給的百老匯、炫目的廣告看板環繞眼前。這裡一度被色情業淹沒，1976 年的電影《計程車司機》（*Taxi Driver*），就將時代廣場曾有的腐朽拍得淋漓盡致。幾經整頓，如今時代廣場已成為紐約最具代表的景點。《偷情》（*Closer*）女主角艾麗絲結束一段關係，重返紐約時，自信地散步於此；《紐約遇到愛》（*Whatever Works*）女主角則跟著從鄉下來的母親坐上導覽巴士，一遊霓虹閃爍的時代廣場。

位處時代廣場的商家，產品齊全度與陳列精彩度世界頂尖，M&M's 巧克力、玩具反斗城和好時巧克力（Hershey's），是專賣店也是景點。美國知名晨間新聞節目《早安美國》（*Good Morning America*）、MTV 音樂電視台的攝影棚窗外即是時代廣場。

文 / 李思嫻

Info.
時代廣場（Time Square）
範圍：百老匯大道與第七大道間，從 42 街延伸至 47 街的區域
交通：搭地鐵1、2、3、7、N、Q、R、S 線，至 42 St 站下車

88 廣場飯店
名流最愛的古堡情調

廣場飯店（The Plaza Hotel）被美國著名作家沃德‧莫爾豪斯（Ward Morehouse）評為：「名流的代名詞。」曾接待眾多名人，如美國總統羅斯福（Franklin Delano Roosevelt）、作家馬克‧吐溫（Mark Twain）等。

宛如豪華古堡的廣場飯店，內部極其精緻，光是水晶吊燈就有 1 千 6 百多盞，屬法國新文藝復興（Renaissance Revival）風格。飯店與中央公園遙遙相望，東面是為了紀念美國內戰的聯合軍所蓋的大軍團廣場，廣場飯店因而得名。《新娘大作戰》（*Bride Wars*）中姊妹淘夢想擁有的完美婚禮，就是相約在此舉辦。

充滿古典氣息的廣場飯店，是電影《西雅圖夜未眠》男女主角入住的飯店；《大亨小傳》（*The Great Gatsby*）中李奧納多‧狄卡皮歐（Leonardo DiCaprio）與女主角也曾多次穿梭其中。如今，廣場飯店甚至以《大亨小傳》原著作者費茲傑羅之名，命名電影中出現的套房，要價不菲，一晚美金 2,795 元，超過新台幣 8 萬元。

文／夏凡玉

Info.
廣場飯店（The Plaza Hotel）
地址：768 5th Ave, New York, NY 10019
交通：搭地鐵至 5 Av / 59 St 站，臨近中央公園南方出站後，可步行前往。

楊文財攝

89 第五大道
上流奢華精品街

成排摩天樓、無數精品名店、鄰近重量級博物館和歷史景點,第五大道是曼哈頓最精華的南北向大道,也是梅西百貨、感恩節遊行、同志大遊行的主要行經路線。

南起華盛頓廣場公園(Washington Square Park),北至西 142 街,第五大道串起熨斗大廈、麥迪遜花園廣場、帝國大廈和中央公園等紐約經典景點,是電影《第凡內早餐》(*Breakfast at Tiffany's*)奧黛莉·赫本(Audrey Hepburn)駐足各精品櫥窗,襯托紐約上流奢華感的購物勝地;也是《購物狂的異想世界》(*Confession of a shopaholic*)女主角站在精品百貨外,望著心儀綠絲巾的那條商店街。

第五大道上東城區有藝術館大道(Museum Mile)之稱,聚集 9 座知名博物館,包括大都會博物館、古根漢美術館(Solomon R. Guggenheim Museum)及猶太博物館(The Jewish Museum of New York)等,每年 6 月第二個星期二傍晚會封街,開放民眾免費參觀。

文 / 李思嫻

Info.
第五大道(5th Avenue)
位置:南起華盛頓廣場公園,北抵第 138 街;34 街至
　　　60 街之間為精品街
交通:搭乘地鐵 N、R、W 線,至 Fifth Ave / 59th St. 站
步行時間:夏季的星期日禁止汽車通行

90 中央車站
貓眼石四面鐘最吸睛

中央車站是紐約最繁忙的交通樞紐、全世界最大的公共鐵路車站，
巧奪天工的希臘神話雕塑、彩繪玻璃與壁畫，散發震懾人心的恢弘
氣勢。

中央車站的「布雜藝術」建築，強調對稱、宏偉，具古羅馬風格，
希臘神祇群的雕像建築散落屋角、屋頂，正門象徵保護商人、旅行
者的墨丘立（Mercurius）希臘神祇雕像最是知名。走進大廳，巨

車站門口的墨丘立希臘神祇

幅中古世紀星空圖壁畫布滿天花板，這是法國藝術家保羅・賽薩爾・埃勒（Paul César Helleu）於 1912 年創作的作品。

車站正門使用大片蒂芬妮（Tiffany）彩繪玻璃，大廳中央的四面鐘以價值非凡的貓眼石製作，熱門的生蠔吧（Grand Central Oyster Bar）是中央車站歷史最悠久餐廳。百年中央車站乘載著無數旅行者的故事，奇幻電影《雨果的冒險》（Hugo）小男孩住在中央車站的塔樓裡，規律地替古老大鐘上好發條；《王牌冤家》（Eternal Sunshine of the Spotless Mind）男主角則在此匆忙丟下行李逃離夢境。《MIB星際戰警2》（Men in Black II）兩位主角為了拯救世界再度結合，首先就去了中央車站；《終極殺陣》（Taxi）裡的銀行搶匪，甚至飛車開進車站裡。

文 / 李思嫻

Info.
中央車站（Grand Central Terminal）
地址：89 E 42nd St New York, NY 10017
電話：+1-212-340-2583

91 紐約市立圖書館
富含舊世界典雅魅力

紐約市立圖書館（New York Public Library）位於曼哈頓中城的總館，古典建築、裝飾豐富，藏書及壁畫皆為上乘之作，可媲美巴黎國家圖書館和華盛頓國會圖書館。

擁有超過 51 萬件書籍、地圖、海報，以及電子書等典藏的紐約市立圖書館，1895 年成立，是全世界第三大圖書館。電影《慾望城市》女主角凱莉期盼的夢想婚禮，就是在藏有所有偉大情書的這座圖書館中舉行。門口兩尊白石獅雕塑蘊含堅強及忍耐之意，以白色大理石為主體的建築，富含 19 世紀舊世界的典雅魅力。

《明天過後》（*The Day After Tomorrow*）大海嘯席捲而來，倖存者奔向圖書館避難，燒書取暖的場景，就在全館最不可錯過的主閱

覽室（Rose Main Reading Room）；書架環繞、天花板上的壁畫布滿滾滾雲層，是一處能讓人完全沉澱、安靜下來的閱讀空間。

電影《時光機器》（*The Time Machine*）主角穿越時空來到這個珍藏許多歷史資產的圖書館，包括哥倫布（Columbus）於 1493 年寫下發現新大陸的信件、喬治‧華盛頓（George Washington）的「告別演說」（Farewell Address）原稿等歷史資產，皆珍藏於館內，堪稱為舉世無雙的寶藏。

文 / 李思嫻

Info.
紐約市立圖書館（New York Public Library）
地址：476 5th Ave New York, NY 10018
電話：+1-917-275-6975
開放時間：週一、四、六 10:00 ~ 18:00；週二、三
　　　　　 10:00 ~ 20:00；週日 10:00 ~ 17:00

92 布魯克林大橋
美國最古老的懸索橋

擁有巨大鋼索的布魯克林大橋，是紐約的象徵，它連結曼哈頓島與布魯克林區，人們在此步行、騎單車橫越東河（East River），遠眺自由女神像、曼哈頓天際線，以最不具壓迫感的角度，領略紐約的經典及歷史風韻。

建於 1883 年的布魯克林大橋，總長 1,825 公尺，曾是 19 世紀最高、最長的一座懸索橋，串起低曼哈頓區（Lower Manhattan）及布魯克林高地區（Brooklyn Heights），上層行人步道和單車道甚是愜意，下層車流繁忙，過往曾為馬車、路面電車專用道。

坐在布魯克林大橋公園（Brooklyn Bridge Park）長椅欣賞大橋，重現伍迪·艾倫電影《曼哈頓》中的經典一幕。《變形金剛 2》（*Transformers: Revenge of the Fallen*）機器人居高臨下站在這座大橋上，美國版的《酷斯拉》（*Godzilla*）怪物則在橋上做困獸之鬥。《慾望城市》的米蘭達走上大橋翹首等待丈夫的到來，《穿越時空愛上你》（*Kate & Leopold*）女主角則是從橋上墜落至另一處時空。

夕陽西下，從布魯克林區往曼哈頓島走，向著天邊晚霞，步步走向重建中的世貿雙子星大樓，望著高矮樓房華燈初上的醉人景色最為浪漫。

文／李思嫻

Info.
布魯克林大橋（Brooklyn Bridge）
交通：搭地鐵 A、C 線至布魯克林區 High St 站；M、
　　　4、5、6 線，於低曼哈頓區 Brooklyn / City Hall
　　　站下車，依指標前進

93 自由女神像
不朽的自由民主象徵

自由女神像（Statue of Liberty）於 1886 年 10 月 28 日落成，佇立在紐約曼哈頓自由島（Liberty Island）百年有餘，不僅是紐約最知名的地標，也是美國國家史蹟、聯合國教科文組織世界遺產，遠眺或近觀皆別具撼動人心的不朽姿態。

為紀念美國獨立建國百年，法國人民將自由女神送給美國當禮物，由法國雕塑家弗里德利・奧古斯特・巴特勒迪（Frédéric Auguste Bartholdi）設計，以羅馬神祇自由神（Libertas）為原型，讓頂著頭冠的女神身著古希臘長袍，右手高舉火炬，左手抱著一本刻上美國獨立宣言簽署日期的牌匾，腳踩已碎裂的鎖鏈，以新古典主義（Neoclassicism）藝術呈現。

只要電影故事背景設定在紐約，自由女神總會在畫面中驚鴻一瞥，特別是好萊塢災難片，好比《2012：冰河時期》（2012：Ice Age）、《明天過後》，及最經典的《人猿星球》（The Planet of the Apes），自由女神在故事中分別被冰河冰凍、遭洪水侵襲，以及掩埋在沙灘裡，只露出殘缺的一角。自由女神像被毀滅，幾乎等同於世界末日。

你可以從曼哈頓島或紐澤西搭船，順遊乘載移民血淚歷史的愛麗絲島（Ellis Island），踏上自由島抬頭仰望自由女神，搭電梯到頂端，或在橫跨布魯克林大橋時不經意瞧見她的身影，親身體會代表「鼓勵思考、辯論和抗爭，成為自由、和平、人權、廢除奴隸制，及民主和機遇強而有力象徵」的意義。

文 / 李思嫻

Info.

自由女神像（Statue of Liberty）
地址：Liberty Island, New York, NY 11231
電話：+1-212-363-3200
交通：由炮台公園（Battery Park）或自由女神州立公園（Liberty State Park）搭乘雕像渡輪（Statue Cruises）前往，可事先預訂船票

七大必逛公共藝術

品味紐約最直接、最簡單、最實惠的方法，就是欣賞它的公共藝術。公共藝術是植根於都會的藝術形態，這些藝術品讓每個人都可以接近。紐約的公共藝術數量與多元性是世界級，從大師如畢卡索、米羅（Joan Miró）到學生之作，從靜態到動態，從塑膠到不鏽鋼都有，隨時隨地開放，讓你學品味不花一分錢。

94 瑟薇特半身像
向畢卡索致敬

紐約大學（New York University）宿舍前廣場的《瑟薇特半身像》（*Bust of Sylvette*），以畢卡索 1954 年利用鐵片創作成的雕塑為模型，由挪威雕塑家納斯亞（Carl Nesjär）完成。原作品僅 2 呎高，現在被放大成 36 呎，材質也改成混凝土。最大的特點是，因為畢卡索作品具有立體派的多面特性，無論從周圍哪一棟研究生宿舍望出來看雕像，都會看到半身像不同的樣貌，包括側面及正面，但就是不會看到背面。

> Info.
> **瑟薇特半身像**（*Bust of Sylvette*）
> 作者：卡爾‧納斯亞（Carl Nesjär）
> 材質：水泥混凝土
> 地點：紐約大學（New York University）宿舍前廣場，
> 　　　Wooster St 前，Bleecker St 和 Houston St 之間

95 月鳥
米羅最早的大型雕像

西班牙超現實主義大師米羅的雕塑作品《月鳥》（*Moonbird*），
同樣的作品在 MoMA 也有一個，該館並蒐藏同系列的另一個作品
——白色的《日鳥》（*Sunbird*）。米羅從 60 年代起製作大型公
共雕像，《月鳥》是他最早的大型雕像，他依據自己在 1946 年到
1949 年製造的小型月鳥銅雕，重新擴大鑄造成 2 公尺高的大型雕
塑，佇立在索羅大廈（Solow Building）門口。

Info.
月鳥（*Moonbird*）
作者：米羅（Joan Miró）
材質：精鍊黑銅
地點：58 街和第五、六大道交叉口，索羅大廈（Solow
　　　Building）門口

郭政彰攝

96 東西門
楊英風的陰陽哲學

1973 年，貝聿銘受香港船王董浩雲之邀，設計紐約東方航運大樓
（Oriental Overseas Building，現為華爾街廣場 Wall Street Plaza）。
原本董浩雲屬意英國雕塑家亨利・摩爾（Henry Moore）的作品，
但貝聿銘堅持採用台灣藝術家楊英風（Yu-yu Yang）的《東西門》
（East West Gate）。《東西門》又稱 QE 門，Q 表圓，E 表方，
以大正方形曲折的牆為主體，從中挖出一圓形成中國庭園設計中的
「月門」，但在月門又立了個圓形屏風，此圓猶如一面鏡子反射周
遭景觀在作品上。屏風所反映的景物是虛，但月門框出的景物是
實，虛實輝映之外，一方一圓也象徵中國陰陽相對哲學思考。

Info.
東西門（East West Gate）
作者：楊英風（Yu-yu Yang）
材質：不鏽鋼
地點：華爾街廣場（Wall Street Plaza）前

97 四樹木
摩根大通銀行的仙樹

1969 年，摩根大通銀行創辦人大衛‧洛克斐勒（David Rockefeller）邀請法國藝術家杜布菲（Jean Dubuffet），為新落成的銀行大樓設計一個巨型雕塑。杜布菲以「仙境奇物」（some wonderland or grotesque object or creature）為概念，設計出黑白相間的《四樹木》（*Groupe de quatre arbres*），恰與背後黑白相間的摩根大通銀行相輝映。整個作品由數個不同角度的白色平面物體組合而成，上面有黑色粗線描繪出輪廓；每片葉子有不同的傾斜角度，各個樹幹高度也不同，觀者視線自然會順著作品線條走，繞著它欣賞全貌。

Info.
四樹木（*Groupe de quatre arbres*）
作者：杜布菲（Jean Dubuffet）
材質：鋁、玻璃纖維
地點：華爾街摩根大通銀行廣場（One Chase
　　　Manhattan Plaza）

98 時代廣場壁畫
普普藝術大師的禮物

1980 年代，紐約大都會運輸管理局開始修復和更新地鐵系統，
其中也包括將地鐵藝術化，最後決定將「藝術百分比」的想法
引入地鐵更新修復工程中，規定將整體施工公費的 1% 用於公共
藝術。出生地在時代廣場附近的普普藝術大師李奇登斯坦（Roy
Lichtenstein），以壁畫描繪自己對紐約地鐵的未來想像，當作送給
紐約地鐵的禮物，也是紐約地鐵壁畫裡最有名的一幅。

Info.
時代廣場壁畫
作者：李奇登斯坦（Roy Lichtenstein）
材質：搪瓷壁畫
地點：時代廣場 42 街（Times Sq - 42 St）與百老匯交
　　　叉口地鐵站

©達志影像

99 地下生活
紐約地鐵最知名人偶

《地下生活》（*Life Underground*）是紐約地下鐵中最有名的公共
藝術作品之一。在 14 街和第八大道的這一站，美國最知名的公共
藝術家歐特尼斯（Tom Otterness）製作 100 個各式情境的黃銅人
偶，散布在地鐵月台、欄杆、樓梯、入口和座椅上。黃銅人偶有著
圓形頭顱和兩個小眼睛，造型可愛討喜，但題材卻是無家可歸的婦
人、身無分文的窮人和姿態很高的富人，反映資本主義大都會中的
寫實情境。

> Info.
> **地下生活**（*Life Underground*）
> 作者：歐特尼斯（Tom Otterness）
> 材質：黃銅
> 地點：第 14 街和第八大道交叉口地鐵站

100 奔牛
全世界最有名的一頭牛

華爾街的《奔牛》（*Charging Bull*）是義大利雕刻家莫迪卡（Arturo Di Modica）「自費」、「自立」的作品；他來美國多年一直沒沒無聞，打算做個作品讓自己一鳴驚人。1987 年美股大崩盤後，他決定靠自己力量集資 36 萬美金、製作 2 年，完成重達 3,200 公斤的銅牛；並於 1989 年耶誕節前午夜，偷偷將牛運到紐約證交所前面，以求來年股市大發。莫迪卡果然一炮而紅，之後紐約警方將此牛移到華爾街現址鮑林格林公園（Bowling Green Park），成為華爾街的地標。

文 / 單小懿

> Info.
> **奔牛**（*Charging Bull*）
> 作者：莫迪卡（Arturo Di Modica）
> 材質：黃銅
> 地點：華爾街鮑林格林公園（Bowling Green Park）

Info.
紐約 New York 🇺🇸

美國最大的城市——紐約，是聯合國總部所在地，也是世界商業、
金融、媒體及文化中心。

紐約市由曼哈頓（Manhattan）、布魯克林（Brooklyn）、布朗士
（The Bronx）、皇后（Queens）及史坦登島（Staten Island）等 5
個行政區組成，不過遊客及大部分市民在提到紐約市時，仍多指曼
哈頓區。

位置：紐約市位於美國東岸，紐約州南端，哈德遜河注入大西洋的
　　　入口處。
人口：約 824 萬。
面積：約 305 平方哩。
氣溫：夏季均溫 24℃，高溫可高達 38℃；冬季均溫 0℃，有時甚
　　　至會降至 -12℃，有時則可升至 10℃。
時差：美東時區，夏令實施日光節約時間較台灣慢 12 小時，非夏
　　　令時間則較台灣慢 13 小時。
稅率：紐約市的銷售稅為 8.875%，購買衣物價格在 110 美元以
　　　下，可免銷售稅。
小費：曼哈頓餐廳普遍昂貴，一般平價餐廳，每人均消約 15 至 50
　　　美金；小費方面，通常午餐約給 15% 小費，晚餐約給 20%
　　　小費，4 人以上團體用餐則常被餐廳要求給 20% 小費。
交通：紐約交通便捷，特別是在曼哈頓，地鐵線及公車線遍佈全
　　　區，24 小時運轉。計程車起跳價 2.5 美元，約 0.2 哩跳錶
　　　一次，每次跳錶增加 0.5 美元，小費另計。
撥號：美國打到台灣：011-886-x（區域號碼去掉 0）-xxxx-xxxx；
　　　台灣打到美國：002-1-xxx（區域號碼 3 碼）-xxx-xxxx。

地圖來源：達志影像

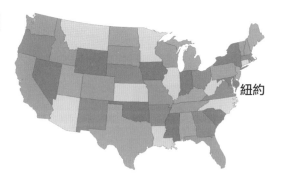

美國地圖

紐約

紐約地圖

布朗士

曼哈頓

皇后

布魯克林

史坦登島

郭政彰 攝

放肆紐約 100 個你一定要知道的
關鍵品味

放肆紐約　100個你一定要知道的關鍵品味

作者	孫秀惠等
商周集團榮譽發行人	金惟純
商周集團執行長	王文靜
視覺顧問	陳栩椿
商業周刊出版部	
總編輯	余幸娟
責任編輯	林美齡
封面設計	張福海
版型設計、完稿	吳靜宜
出版發行	城邦文化事業股份有限公司-商業周刊
地址	104台北市中山區民生東路二段141號4樓
傳真服務	（02）2503-6989
劃撥帳號	50003033
戶名	英屬蓋曼群島商家庭傳媒股份有限公司城邦分公司
網站	www.businessweekly.com.tw
製版印刷	中原造像股份有限公司
總經銷	高見文化行銷股份有限公司 電話：0800-055365
初版1刷	2015年（民104年）5月
定價	340元
ISBN	978-986-6032-88-2（平裝）

國家圖書館出版品預行編目(CIP)資料

放肆紐約：100個你一定要知道的關鍵品味 / 孫秀惠等作. --
初版. -- 臺北市：城邦商業周刊, 民104.05
　面；　公分
ISBN 978-986-6032-88-2(平裝)

1.遊記 2.美國紐約市

752.71719　　　　　　　　　　　　　104004086

bitplay

For iPhone 6 / iPhone 6 Plus

隨走。即拍

SNAP! 6系列拍照手機殼，為您捕捉旅途的精采瞬間

·可換外接鏡頭設計（鏡頭需另外購買）　　·實體快門鍵　　　　·手腕繩設計　　　·可單手握持拍照

alive
城市品味書

說出品味故事，成就你的與眾不同。